바늘 없는 손뜨개질
초록여신의 핑거니팅

바늘 없는 손뜨개질
초록여신의 핑거니팅

제1판 1쇄 발행 | 2016년 1월 10일
제1판 2쇄 발행 | 2017년 12월 20일

지 은 이 | 초록여신 김수영
사　　진 | 코티지 김지해
디 자 인 | 사이먼
펴 낸 이 | 박성우
펴 낸 곳 | 청출판
주　　소 | 경기도 파주시 안개초길 18-12 1F
전　　화 | 070)7783-5685
팩　　스 | 031)945-7163
전자우편 | sixninenine@daum.net
등　　록 | 제406-2012-000043호

ⓒ 2016 초록여신 김수영
이 책은 청출판이 저작권자와의 계약에 따라 발행한 것으로
본사의 허락 없이는 이 책의 일부 또는 전체를 이용하실 수 없습니다.

ISBN | 978-89-92119-56-6 13630

※파본이나 잘못된 책은 바꿔 드립니다.

— 바늘없는 손뜨개질 —

초록여신의 핑거니팅

초록여신 김수영 지음

초록여신의 핑거니팅

핑거니팅이란 말 그대로 바늘 없이 손가락으로 뜨개질하는 방법입니다. 간단한 방법을 규칙적으로 반복하는 뜨개 기법을 통해 도안이 없어도 다양한 소품을 만들 수 있습니다. 또한 어린 아이들도 쉽게 만들 수 있어 온가족이 함께 즐길 수 있는 신기하면서도 재미난 뜨개질입니다.

그러다보니 뜨개를 해보고 싶었지만 여러 이유로 고민만 하고 선뜻 시작하지 못한 분들에게 초록여신의 핑거니팅은 뜨개에 쉽게 다가갈 수 있는 대안이 될 것입니다. 또한 핑거니팅이 굉장히 매력적인 뜨개법이지만 간단한 팔찌나 목걸이, 헤어밴드 정도일 뿐 국내에는 다양한 아이템이 없어 핑거니팅 뜨개법에 목말라 했던 분들에게 소중한 기회가 될 것으로 생각합니다. 이제, 바늘과 도안 없이 기본적인 몇 가지 핑거니팅 기법만으로 실용적인 뜨개 소품이 어떻게 만들어지는지 이 책을 통해 배워 나가길 바랍니다.

'누구나 쉽고 재미있게 하는 핑거니팅 + 뜨개질에 관심 있는 분들을 위한 도안 없이 뜨는 쉬운 뜨개질'

‖

'바늘 없이 뜨는 손뜨개질, 초록여신의 핑거니팅'

이 책에서 다루는 핑거니팅은 크게 두 가지입니다.

첫 번째로 네 손가락을 이용해 여러 굵기의 원하는 뜨개끈을 만들어 일반 바늘과 실로 연결해 다양한 소품을 만드는 기본 핑거니팅 기법입니다. 두 번째는 일반 코바늘 뜨개질 중 가장 기본이 되는 뜨개법을 모든 작품에 공통적으로 적용하여 처음 뜨개질을 접하는 분들도 쉽게 따라 만들 수 있도록 원형코와 1단이 동시에 만들어지는 새로운 응용법을 시도해 만드는 코바늘 핑거니팅 기법입니다. 두 가지 초록여신의 핑거니팅 기법을 통해 작고 섬세한 미니 플라워, 반지, 브로치 등과 같은 액세서리부터 평소 멋스럽게 착용하고 들고 다니기 좋은 목걸이, 모자, 가방과 같은 패션 소품은 물론이고, 바구니, 트레이, 매트, 심지어 블랭킷까지… 큼직하고 다양한 크기의 실용적인 아이템들도 만들어 볼 수 있습니다. 뜨개를 못 하는 분들도 사부작 재미나게 손 놀이 할 수 있는 초록여신의 핑거니팅! 지금부터 함께하면서 그 매력에 빠져보세요!

초록여신 김수영

CONTENTS

초록여신의 핑거니팅 28

핑거니팅 작품에 사용한 실 종류 32

핑거니팅에 필요한 기본 도구와 사용 재료 I 34

핑거니팅에 필요한 기본 도구와 사용 재료 II 36

PART ONE 핑거니팅 두 가지 기법 배우며 만드는 소품

1. 패브릭얀 팔찌 40

   시작코 만들기와 코뜨기, 코막음, 마무리하기

2. 베이직 카메라 스트랩 46

   세 손가락 핑거니팅 시작코 만들기와 코뜨기

   줄자 사용 방법, 코막음, 부속 연결하고 마무리하기

3. 다용도 원형 매트 52

   네 손가락 핑거니팅 시작코 만들기와 코뜨기

   임시 막음 방법, 이어 연결하기

   코막음, 마무리하기, 다른 실로 꾸밈 장식하기

4. 미니 플라워 브로치 58

   실 하나로 두 가닥 사용하는 방법과 두 손가락 핑거니팅으로 가는 끈 만드는 방법

   묶음 방식으로 꽃 만들기, 브로치 만들기

5. 인형 모자 62

   실 하나로 두 가닥 사용하는 방법, 코바늘 기법 핑거니팅 시작코

   왼손 실 잡는 방법, 사슬코 만들기, 빼뜨기하며 원형 모양 만들기, 짧은뜨기

   코줄임, 왼손 실 잡는 방법, 빼뜨기, 마무리하기

6. 캔들 홀더 68

   원형코 만드는 방법 (시작코-사슬코 2번-짧은뜨기 6번)

   코늘림, 빼뜨기, 기둥코-이랑뜨기

   자투리 실 이용한 단 시작 확인 방법, 돗바늘로 깔끔하게 마무리하기

7. 헥사곤 냄비 받침 74

   원형코 만드는 방법 (시작코-사슬코 2번-짧은뜨기 6번), 코늘림

   헥사곤 만들기 위해 핑거니팅 원형 뜨기와 다른 부분, 다른 색 실을 연결하기

PART TWO 핑거니팅 기본 기법으로 만드는 소품

1. 르네상스 진주 팔찌 82
2. 그레이 레이어드 목걸이 86
3. 발스 그라데이션 목걸이 90
4. 우드 목걸이 94
5. 폼폼 맘보울 래리엇 98
6. 발스 플라워 브로치 102
7. 원식 반지 106
8. 플라워 마그네틱 세트 110
9. 주얼리 트레이 세트 114
10. 내추럴 손잡이 바구니 118
11. 참 장식 스트랩 파우치 122
12. 반달 체인백 126
13. 러블리 플라워 마르셀백 130
14. 파스텔 플라워 원형 리스 138

PART THREE 핑거니팅 코바늘 기법으로 만드는 소품

1. 바빌론 내추럴 이어워머 & 헤어밴드 144
2. 수술 장식 파우치 148
3. 보색 토트백 152
4. 카메라 클러치백 156
5. 하이디 털모자 162
6. 폼폼 커플 모자 166
7. 울카카오 핑거 플로피헷 170
8. 컬러라인 그레이 바스켓 세트 174
9. 퍼플 손잡이 바스켓 178
10. 빈티지 원형 스툴커버 182
11. 오색 수술 드림캐처 186
12. 헥사곤 메가 블랭킷 190

핑거니팅 작품에 사용한 실 종류

실은 작가가 이용하는 니트러브 실 정보를 기반으로 작성되었습니다.

하이디 붐붐 (극세사 폴리에스테르 100%) ※작품-하이디 털모자	수면 양말과 같은 보들보들한 소재로 뜨는, 느낌도 촉감도 좋은 털실입니다.
펄진 (아크릴 48% 울 16% 폴리에스테르 23% 나이론 13%) ※작품-다용도 원형 매트, 주얼리 트레이 포인트 장식	우아한 골드 펄사가 전체적으로 들어간 가볍고 보드라운 촉감의 솜사탕 같은 실입니다.
샤비 (폴리에스테르 100%) ※작품-하이디 털모자	점박이가 방울방울 섞인 부드럽고 포근한 실로 부드러운 감촉이 좋은 실입니다.
발스 (울40% 아크릴 60%) ※작품 – 발스 그라데이션 목걸이, 발스 플라워 브로치	자연스러운 그라데이션이 멋스러워 매력적인 작품을 만들기에 좋은 실로 부드럽고 포근합니다.
알래스카 ※작품-수술 장식 파우치	인형 만들기에 적합한 실로 목도리나 인테리어 소품 활용에도 좋습니다.
맘보울 (울 블렌디드 폴리아미드 100%) ※작품 – 폼폼 맘보울 래리엇	전체적으로 부드러운 날개사에 컬러 방울로 포인트되어 있어 완성도 있는 작품을 만들기에 좋아 의류나 목도리, 모자 등에 포인트로 활용하기 좋습니다.
스타킹 (면 85% 폴리 15%) ※작품 – 다용도 원형 매트,반달 체인백, 러블리 플라워 마르셀 백, 파스텔 플라워 원형 리스, 카메라 클러치백	골드메탈이 섞여 매력적이며, 부드럽고 폭신폭신한 실로 카펫이나 매트, 쿠션, 방석 등 큰 소품 만들기에 좋은 실입니다.
파빠르 패브릭얀 (면과 폴리에스테르) ※작품 – 헥사곤 냄비 받침,우드 목걸이, 주얼리 트레이, 빈티지 원형 스툴커버, 컬러라인 그레이 바스켓, 퍼플 손잡이 바스켓, 보색 토트백	부드럽고 폭신하며 다양한 색으로 구성된 실로 일반면에 비해 강한 강도를 가지고 있어 핑거니팅할 때 무리가 가지 않도록 간격을 충분하게 여유를 주며 만듭니다.
뉴스타킹 (면 85% 폴리 15%) ※작품 – 내추럴 손잡이 바구니	스타킹에 솔리드한 색감이 담겨 내추럴한 느낌의 소품 만들기에 좋은 실로 스타킹과 같이 실용적이며 큰 소품 만들기에 좋습니다.
르네상스 패브릭얀 (98% 30수 순면과 2% 스판덱스 소재의 코튼 원단. 친환경 패브릭얀) ※작품 – 패브릭얀 팔찌, 베이직 카메라 스트랩, 캔들 홀더, 그레이 레이어드 목걸이, 참 장식 스트랩 파우치	가볍고 부드러운 촉감으로 핑거니팅을 처음 하는 분들이 사용하기 가장 적합한 실로 가방, 클러치, 팔찌 등 패션 소품이나 인테리어 소품을 만들기에 좋은 실입니다.
바빌론 (울, 아크릴) ※작품 – 원석 반지, 바빌론 내추럴 이어워머 & 헤어밴드	유니크한 컬러감이 멋스러우며, 부드러워 목도리나 워머, 의류를 만들기에 좋은 실입니다.
네코 (코튼 60% 소프트아크릴 30%) ※작품 – 미니 플라워 브로치, 플라워 마그네틱 세트, 러블리 플라워 마르셀백, 파스텔 플라워 원형 리스, 오색 수술 드림캐처	부드럽고 선명한 색감이 예쁘지만 실이 가늘기 때문에 핑거니팅할 때는 두 가닥으로 사용하는 게 좋으며 작품으로는 꽃 만들기에 주로 사용하였습니다.
메가 (울혼방 100%) ※작품 – 인형 털모자, 폼폼 커플 모자, 헥사곤 메가 블랭킷	자연스러운 이중톤 색감이 멋스러운 굵은 실로, 부드럽고 따뜻해 목도리나 스웨터 등을 만들기 좋은 실입니다.
울카카오 (울 30% 아크릴 70%) ※작품-울카카오 핑거 플로피헷	보드랍고 두툼하며 풍성한 꼬임이 있는 은은한 투톤 방식의 색감이 매력적인 실로 머플러, 모자 워머 만들기 좋습니다.
고급 수세미 (폴리에스테르 100%) ※작품 – 오색 수술 드림캐처	반짝반짝 예쁘고 부드러우며 질기고 가벼운 실로 수세미, 티슈 커버외 소품 만들기에 좋은 실입니다.

핑거니팅에 필요한 기본 도구와 사용 재료 I

바늘	기본 핑거니팅하여 만들어진 끈을 서로 연결할 때 사용하는 바늘로 길이 5cm 이상 되는 바늘이어야 네 손가락 핑거니팅도 충분히 연결하기 좋습니다. 진주나 원석을 달 때에는 바늘귀 작은 비즈용 바늘이 필요합니다.	
시침핀	핑거니팅한 끈에 위치를 표시할 때 시침핀을 꽂습니다.	
돗바늘	뜨개실 굵기에 맞는 일반 돗바늘과 패브릭얀 같은 굵은 실 전용 돗바늘 두 종류가 필요합니다.	
실	핑거니팅한 끈을 서로 연결할 때 사용하는 실로 아이보리색 펠트실을 주로 사용하거나 뜨개실과 같은 계열의 실을 사용하면 됩니다.	
가위	실을 자를 때 주로 사용하는 가위입니다.	
줄자	핑거니팅한 끈의 길이를 잴 때 필요합니다.	
볼펜	핑거니팅 도중 잠시 멈추어야 할 때 임시 막음 용도로 왼 손가락 뺀 위치에 순서대로 끼워 놓을 때 사용합니다.	
송곳	나무 장식 안으로 굵은 실을 깔끔하게 넣어줄 때 사용합니다.	
자석과 자석 단추	핑거니팅한 작품을 자석 용도로 사용할 때, 가방 사용의 편리함을 주기 위해 자석 단추를 바느질로 연결해 사용합니다.	
연결 부속	반지대, 브로치대, 키링, 연결 부속 등 용도에 맞게 사용합니다.	
글루건	브로치대, 반지대, 자석을 부착할 때 사용합니다.	
목공풀	패브릭얀실로 돌려가며 마무리할 때 필요합니다.	
지퍼	지퍼로 열고 닫는 가방을 만들 때 사용합니다.	
체인끈	핑거니팅한 가방에 골드 체인을 연결하여 더욱 고급스럽게 착용하기 위해 사용합니다.	
와이어	동그란 모양의 틀을 잡아 주기 위해 사용합니다.	
원형 리스	원형 리스를 만들 때 사용합니다.	
폼폼 메이커	털모자에 포인트 장식으로 달아줄 풍성한 폼폼을 만들 때 사용합니다.	

핑거니팅에 필요한 기본 도구와 사용 재료 Ⅱ

> **알아두기**
>
> ## 핑거니팅의 주의해야 할 점과 장점
>
> 손가락으로 뜨개질하는 핑거니팅은 사용하는 실과 뜨는 사람에 따라 크기의 차이가 있을 수 있습니다. 몸에 착용하는 모자나 헤어밴드 등을 만들 경우에는 직접 착용하는 사람에게 맞는지 사이즈를 틈틈이 확인하며 핑거니팅하는 게 중요합니다. 평소 코바늘로 뜨개질할 때에는 호수가 다른 여러 개의 바늘이 필요하지만, 핑거니팅이 손에 익숙해지면 손가락만으로 코바늘의 작은 호수부터 큰 호수 역할이 전부 가능하므로 훨씬 견고하며 다양한 핑거니팅 작품을 손쉽게 만들어 볼 수 있는 매우 매력적인 핑거니팅이 될 겁니다.

나무 장식	실을 서로 교차시켜 끼우는 방식으로 사용하며, 연결시켜 장식 효과를 내거나 매듭 부분을 감추는 용도로 사용합니다.
나무 단추	일반적인 단추 용도뿐만 아니라 내추럴한 작품을 만들 때 장식 효과를 위해 사용합니다.
모양 단추	토션이나 라벨로 핑거니팅 작품에 장식을 해줄 때 한쪽에 포인트로 사용합니다.
금속 장식	구멍이 좀 큰 금속으로 된 장식으로 나무 장식과 마찬가지로 실 연결과 장식 효과를 함께 줄 때 사용합니다.
참 장식	작품을 더욱 퀄리티 있게 만들어주는 재료이며, 포인트를 살리는 것으로 과하지 않게 사용합니다.
원석과 진주 외에 비즈	작품에 퀄리티와 고급스러움을 담는 재료로 원석 반지와 팔찌 등 패션 소품을 만들 때와 꽃의 수술 부분으로 주로 사용합니다.
꽃 장식	자칫 단조로울 수 있는 작품에 라벨과 함께 매치해 예쁜 꾸밈 장식으로 사용합니다.
모티브	다양한 크기와 디자인으로 판매되는 모티브를 이용하면 더욱 멋진 작품을 만들 수 있습니다. 뜨개질을 할 수 있는 분이라면 직접 뜨개 모티브를 만들어 사용해도 좋습니다.
토션	러블리하거나 때로는 감각적으로 고급스럽게 종류에 따라 다양한 느낌으로 작품에 담기 좋은 아이템이며, 그린색 토션은 핑거니팅 작품 중 플라워 잎으로 사용하였습니다.
영문 라벨	토션과 함께 사용하기 좋은 영문 라벨은 홀림체로 새겨 있는 레터링이 멋스러워 작품이 더욱 근사해지는 효과를 볼 수 있습니다.
가죽 라벨	다양한 크기와 디자인으로 된 가죽 라벨을 작품에 맞게 사용하면 더욱 완성도 있는 작품을 만들 수 있어 좋습니다.

PART ONE

핑거니팅 두 가지 기법 배우며
만드는 소품

가장 기본이 되는 핑거니팅 두 가지 기법을 배우며 간단한 소품을 만들어봅니다. 도안 없이 만드는 핑거니팅이므로 작품별로 공통적으로 담긴 몇 가지 안 되는 기본 기법만 제대로 배우면 얼마든지 응용하여 다양한 손뜨개 작품을 만들 수 있으니 반드시 이 파트를 먼저 살펴보고 제대로 만들어본 후 다음 파트로 넘어가길 바랍니다.

1

패브릭얀 팔찌

기본 핑거니팅으로 가장 손쉽게 만들 수 있는
패브릭얀 팔찌는 핑거니팅을 처음 해보는 사람도
두 손가락을 이용한 니팅법을 재미있게 따라하다 보면
금세 뚝딱 완성할 수 있어 아이들과 함께
만들기 좋은 패션 아이템입니다.
하나보다는 서로 다른 색으로 두 개를 착용했을 때 더욱 예쁜 팔찌로
처음 시작하는 분들이 만들기 편한 르네상스 패브릭얀실을 사용합니다.
뚝딱 만드는 재미에 여러 개 만들어 선물용으로
준비해도 좋을 거예요.

making

패브릭얀 팔찌

두 손가락 핑거니팅에 필요한 시작코 만들기와 코뜨기, 코막음, 마무리하기를 배워봅니다.

연관 작품 – 그레이 레이어드 목걸이(p86 참고), 발스 플라워 브로치(p102 참고)

materials

르네상스 패브릭얀 (스카이블루)
돗바늘

시작코 만들기와 코뜨기

1

실 끝을 왼 손바닥에 올려 엄지로 잡고 검지와 중지 안쪽을 통과하며 숫자 8을 그리며 돌려줍니다.

2
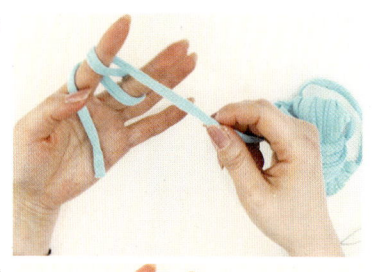

숫자 8 모양으로 두 번 돌려 감은 후, 실을 검지와 중지 사이로 내려 엄지로 실 끝과 함께 잡아줍니다.

3

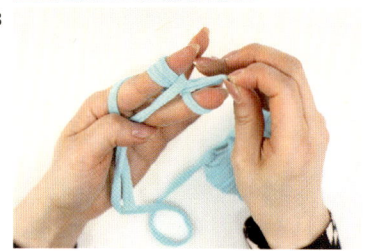

중지부터 아래 고리를 위쪽 고리 위로 넘겨 손끝에서 빼냅니다. 검지도 같은 방법으로 빼내면 첫 코가 만들어집니다.

4

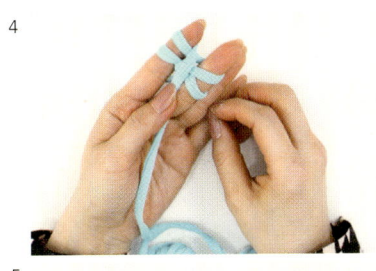

검지와 중지에 8자로 한 번 더 실을 감아 두 개의 고리를 만들고 같은 방법으로 계속 반복하며 코를 만들면서 코뜨기합니다.

5

이때, 한 코씩 뜰 때마다 실 끝 부분과 감아주는 실 쪽을 살살 당겨 코를 정리하면 더욱 가지런하며 촘촘한 결과물이 나옵니다.

코막음

6

팔목에 타이트할 정도로 딱 맞는 길이가 되면 약 5cm 정도 실을 남기고 자른 후 손가락에서 고리를 빼줍니다.

7

자른 실 끝을 실과 이어져 있지 않은 고리부터 넣고 실과 이어진 고리에도 넣어 조금씩 살살 잡아당겨줍니다.

8

살살 잡아당겨 끝까지 조여주면 코막음이 됩니다.

finger knitting

마무리하기

9

남은 실을 모아 두 번 묶어 풀리지 않도록 합니다.

10

핑거니팅한 부분 양쪽 사이로 돗바늘을 이용해 엮어 넣어 깔끔하게 마무리합니다.

응용하기

완성된 팔찌는 컬러 선택에 따라 남자가 착용해도 멋스러운 팔찌가 됩니다. 그리고 처음 시작할 때와 핑거니팅하고 코막음 한 후에 약 15cm씩 여유있게 각각 남기면 그 부분으로 마무리할 때 예쁘게 리본 묶음을 해줄 수 있어 좀 더 여성스럽게 만들 수 있습니다. 이때, 리본이 풀리지 않도록 중앙 부분을 바늘땀으로 두 번 정도 고정해주세요.

Fabric yarn bracelet

finger knitting

2

베이직 카메라 스트랩

카메라가 많이 보편화되어 있는 요즘
너도나도 똑같은 스트랩보다는 편안함이 깃든
조금은 특별한 나만의 스트랩을 직접 여러 개 만들어
그때그때 의상에 맞게, 혹은 기분에 맞게 착용하면 더욱 예쁘고 멋지게
사용할 수 있을 것 같아 패션 아이템으로 만들어봤습니다.
핑거니팅 초보자 분들이 사용하기 좋은 르네상스 패브릭얀을 사용하였으며,
세 손가락을 이용한 니팅법을 배워 베이직한 카메라 스트랩을 완성할 수 있으니,
하나 정도 완성한 후 다른 재료와 함께 응용해보면 더욱 다양한
스타일로 담아낼 수 있어 좋을 거에요.

making

베이직 카메라 스트랩

세 손가락 핑거니팅에 필요한 시작코 만들기와 코뜨기, 코막음과 핑거니팅 중 원하는 길이를 확인하기 위한 줄자 재는 방법, 그리고 세 손가락 핑거니팅 마무리하기를 배워봅니다.

연관 작품 - 발스 그라데이션 목걸이(p90 참고)

materials

르네상스 패브릭얀 (베이비핑크)	줄자
연결 부속	돗바늘
목공풀	

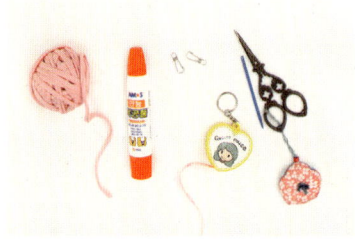

세 손가락 핑거니팅 시작코 만들기와 코뜨기

1
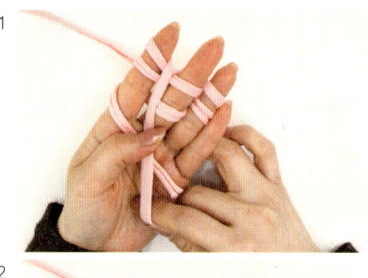

사진에는 실 끝이 손바닥에 담겼지만 카메라 스트랩을 만들기 위해서는 실 끝에서 약 30cm 되는 곳을 왼 손바닥에 올려 엄지로 잡고 검지부터 세 손가락 교차하며 왕복 이동하여 엮어 내면 세 손가락에 두 개씩 고리가 생깁니다.

2

약지부터 아래 고리를 위쪽 고리 위로 넘겨 손끝에서 빼냅니다. 중지와 검지도 같은 방법으로 빼내면 첫 코가 만들어집니다.

3

한 코씩 뜰 때마다 실 끝 부분과 감아주는 실 쪽을 살살 당겨 코를 정리해주면 더욱 가지런하며 촘촘한 결과물을 만들 수 있습니다.

Camera strap

줄자 사용 방법

4

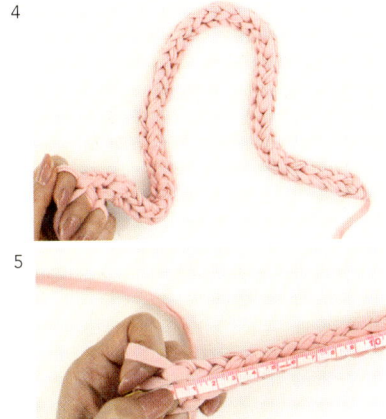

한 코씩 뜰 때마다 잡아당겨 모양이 가지런히 나오게 하여 원하는 길이 약 80cm (늘어나는 실을 감안하여 정한 길이) 될 때까지 핑거니팅합니다.

5

니팅 중 사이즈 확인은 눈금 0 위치가 손가락에 끼워진 고리 바로 아래에 놓이게 하여 이곳부터 처음 시작 부분까지 재어 주면 됩니다.

코막음

6

원하는 길이가 되면 약 30cm 정도 실을 남기고 자른 후 손가락에서 고리를 빼주고, 자른 실 끝을 실과 이어져 있지 않은 끝 쪽 고리에 먼저 넣어줍니다.

7

두 번째로 실과 이어진 고리에 넣은 후 남은 중간 고리에 넣어 조금씩 살살 잡아당겨 끝까지 조여주며 코막음합니다.

finger knitting

부속 연결하고 마무리하기

8

남은 실은 돗바늘을 이용해 연결 고리를 먼저 끼우고 코막음한 바로 윗부분으로 빼냅니다.

9

빼 놓은 실 뒷면에 목공풀을 살짝 발라준 뒤 코막음한 부분부터 약 1.5cm 위까지 남은 실을 돌돌 말아 감아줍니다.

10

깔끔하게 감아졌으면 감긴 윗부분 사이로 남은 실을 넣어 아래쪽으로 힘있게 빼내어 풀리지 않도록 합니다.

11

핑거니팅한 부분 사이로 돗바늘 이용해 엮어 넣고, 착용했을 때 겉으로 튀어나오지 않도록 안쪽에서 확실하게 접착될 수 있게 목공풀을 이용하거나 엮어 넣은 끝부분을 바늘땀으로 스트랩과 함께 확실히 고정시키면 좋습니다.

12

다른 쪽도 같은 방법으로 만듭니다. 단, 연결 부속 끼우는 방향이 서로 마주보게 완성되어야 카메라에 장착했을 때 꼬임 없이 예쁘게 착용할 수 있으니 부속을 연결할 때 방향을 생각하도록 합니다.

응용하기

미러리스나 DSLR 등 사용하는 카메라 기종에 맞게 두 손가락 핑거니팅으로 만들어도 상관없습니다. 사용하는 실 굵기에 따라 다양하게 만들 수 있으니 여러 색상으로 만들어 의상에 맞게 카메라 스트랩도 골라 착용해보세요. 한쪽에 참 장식을 달아주거나 고리 연결 부속을 달아 렌즈 뚜껑을 연결해도 좋습니다.

finger knitting

3

다용도 원형 매트 ◉

네 손가락을 이용해 다용도로 사용하기 좋은 매트를 만들어봤습니다.
뜨거운 음식을 올려놓는 용도뿐만 아니라 케이크나 다과용 쿠키 등 티타임에도 좋은 매트로
다육이 등의 초록 식물을 올려두어도 예뻐
사이즈와 모양을 달리하면 무궁무진하게 스타일을 만들어 사용하기 좋은 아이템입니다.
사용한 실은 부드럽고 폭신하며 다양한 소품 만들기에
좋은 실로 골드메탈이 섞여 있어 조명을 받으면
더욱 고급스러워지고 예뻐 보이는 효과를 주기 때문에
핑거니팅 작품 만들기에도 좋고 기억하기 쉬운 이름 '스타킹'을 사용했습니다.
세탁을 해도 전혀 변형될 염려가 없으므로
다용도로 사용하기 좋은 매트나 쿠션, 방석, 가방 등으로 만들기에 좋아
더욱 크게 만들어 사용해도 좋을 거예요.

making

다용도 원형 매트

네 손가락 핑거니팅에 필요한 시작코 만들기와 코뜨기, 코막음, 임시 막음 방법과 마무리하기를 비롯해 일반 바늘과 실을 이용해 핑거니팅한 끈을 이어주는 연결 방법, 그리고 마무리 부분에서 실로 꾸밈 장식하는 방법을 배워봅니다.

연관 작품 – 진주 르네상스 팔찌(p82 참고), 우드 목걸이(p94 참고), 폼폼 맘보울 래리엇(p98 참고), 주얼리 트레이 세트(p114 참고), 내추럴 손잡이 바구니(p118 참고), 반달 체인백(p126 참고), 러블리 플라워 마르셀백(p130 참고), 파스텔 플라워 원형 리스(p138 참고)

materials

스타킹 (오렌지믹스)	돗바늘
펄진 (그레이)	일반 바늘 (길이 6cm 이상)과 실
볼펜	

네 손가락 핑거니팅 시작코 만들기와 코뜨기

1

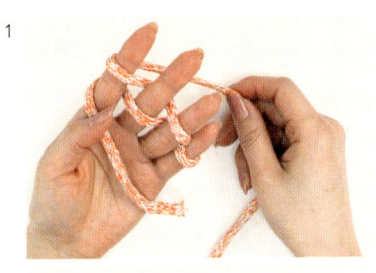

실 끝을 왼 손바닥에 올려 검지와 중지, 약지, 새끼손가락 순으로 교차하여 왕복 이동합니다.

2

앞서 한 방식을 한 번 더 반복하여 엮어 내면 네 손가락에 두 개씩 고리가 생깁니다.

Circle mat

3

새끼손가락부터 아래 고리를 위쪽 고리 위로 넘겨 손끝에서 빼냅니다. 약지, 중지, 검지 순의 같은 방법으로 빼내면 첫 코가 만들어집니다.

4

계속해서 같은 방법으로 만들며, 한 코씩 뜰 때마다 실 끝 부분과 감아주는 실 쪽을 살살 당겨 코를 정리해주면 더욱 가지런하며 촘촘한 결과물이 나옵니다.

임시 막음 방법

5

중간에 잠시 멈추어야 할 상황이 생기거나 길이를 가늠하기 어려워 대략 어느 정도 니팅 후 멈춤이 필요할 때 볼펜을 준비해 손가락에서 빼낸 순서 그대로 끼워 임시 막음합니다. (플라워 원형 리스나 마르셀백처럼 길이를 길게 만들거나 잠시 다른 볼일을 봐야 할 경우에 필요한 방법)

이어 연결하기

6

핑거니팅 완성된 쪽을 동그랗게 말아 풀리지 않도록 1cm 간격으로 꼼꼼하게 바느질하며, 핑거니팅 옆면 중간 부분으로 바늘이 나오고 들어가도록 바느질합니다.

7

나선형 모양으로 조금씩 말아가며 벌어지는 틈이 없도록 꼼꼼하게 바느질합니다.

finger knitting

코막음

8

원하는 크기가 만들어지면 바느질을 멈추고 임시 막음 볼펜을 빼내어 코막음하기 위해 실 약 5cm를 남기고 잘라줍니다.

9

자른 실 끝을 실과 이어져 있지 않은 끝 쪽 고리부터 넣고 실과 이어진 고리에도 넣어줍니다.

10

이어 중간에 남은 두 개의 고리에 넣은 후 조금씩 살살 잡아당겨 조여주면 코막음이 됩니다.

마무리하기

11

사용했던 바늘과 실로 코막음한 부분도 동그랗게 모양이 만들어지도록 실을 잡아당기듯 바느질하여 깔끔하게 연결합니다.

12

처음 시작할 때 남겨둔 실과 남은 실을 핑거니팅한 부분 사이로 돗바늘을 이용해 엮어 넣어 깔끔하게 마무리합니다.

다른 실로 꾸밈 장식하기

13

다른 종류의 실 바늘에 끼워 여러 번 돌려 감아 리본으로 묶어주면 마무리 부분이 감싸지는 효과와 더불어 꾸밈 장식이 되는 포인트가 됩니다.

응용하기

색상을 달리하거나 사이즈를 더욱 크게 만들면 다양하게 활용하기 좋을 뿐 아니라 꾸밈 장식 부분에 리본 묶음하면서 참 장식을 달아주면 더욱 예쁘게 사용할 수 있어 좋습니다. 골드메탈이 섞여 예쁘게 사용하기 좋은 스타킹실을 여러 색상으로 만들어 다용도로 활용해보세요.

4
미니 플라워 브로치

파스텔 컬러로 피운 꽃은 어느 곳이든
포인트 장식이 되기에 충분하므로
옷이나 모자, 가방 심지어
집안 커튼이나 바란스 등에 달아도 예쁜 소품이 됩니다.

making

미니 플라워 브로치

실 하나로 두 가닥 실 사용하는 방법과 두 손가락 핑거니팅으로 가는 끈 만드는 방법, 묶음 방식으로 꽃 만드는 방법을 배워봅니다.

연관 작품 – 플라워 마그네틱 세트(p110 참고), 러블리 플라워 마르셀백(p130 참고), 파스텔 플라워 원형 리스(p138 참고)

materials

네코 (인디핑크, 베이비블루, 베이비옐로우)	자투리 펠트	줄자
꽃 모티브	진주	글루건
그린색 토션	브로치대	비즈용 바늘과 실

실 하나로 두 가닥 사용하는 방법과 두 손가락 핑거니팅으로 가는 끈 만드는 방법

1

실 중심 안쪽에서 실 끝을 빼내어 바깥쪽의 실 끝자락과 모아 두 가닥을 함께 사용합니다. 실 끝을 왼 손바닥에 올려 검지와 중지 안쪽을 통과하여 숫자 8을 그리며 두 번 돌려 감은 뒤, 실을 검지와 중지 사이로 내려 엄지로 실 끝과 함께 잡아줍니다.

2

중지, 검지 순으로 아래 고리를 위쪽 고리 위로 넘겨 손끝에서 빼내어 첫 코를 만들고 계속 같은 방법으로 만듭니다.

3

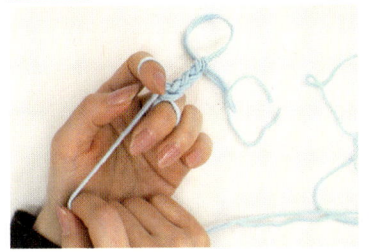

한 코씩 뜰 때마다 실 끝 부분과 감아주는 실 쪽을 굵은 실을 사용할 때보다 여러 번 살살 당겨 코를 정리해주면 더욱 가지런하며 촘촘한 결과물이 나오면서 가는 끈이 만들어집니다.

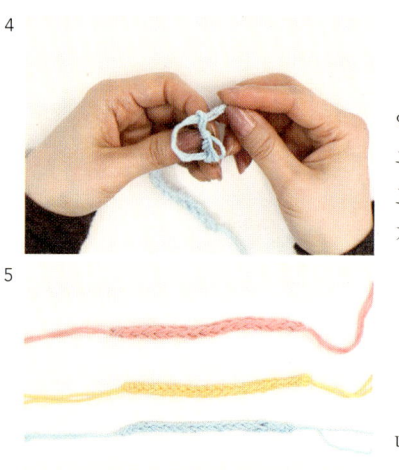

약 15cm로 핑거니팅 끈을 만들고 5cm 정도 실을 남기고 자른 후, 손가락에서 고리를 빼내어 실 끝을 실과 이어져 있지 않은 고리부터 넣고 남은 고리에도 넣어 조금씩 살살 끝까지 잡아당겨 코막음합니다.

다른 색으로 두 개 더 만들고, 완성된 끈을 양쪽 방향으로 여러 번 잡아당겨 모양을 가지런하게 만들어 준비합니다.

묶음 방식으로 꽃 만들기

핑거니팅한 하늘색 끈을 느슨하게 묶어 노란색 끈처럼 한쪽으로 묶은 부분이 살짝 치우치도록 만듭니다.

길게 남은 쪽 끈을 위로 올려 느슨하게 묶어준 중앙에 끼워 넣습니다.

뒤쪽에서 양쪽 실이 풀리지 않도록 두 번 묶어 주고, 같은 방법으로 세 송이 꽃을 준비합니다.

Mini-flower brooch

브로치 만들기

9

자투리 펠트, 꽃 모티브 순으로 놓고 그 위에 그린색 토션을 접어 잎 모양으로 만들어 바느질로 고정합니다.

10

잎이 된 토션 위에 만든 꽃과 진주 중앙에 올려 바느질로 고정시켜줍니다.

11

남은 꽃도 같은 방법으로 예쁘게 달아 주고 뒤쪽 펠트에 글루건을 이용해 브로치대를 부착하면 완성됩니다.

응용하기

실 색상을 달리하거나 핑거니팅 끈 길이를 더 길게 하면 풍성한 꽃을 만들 수 있어 더욱 포인트 주기 좋은 소품이 됩니다.

5

인형 모자

핑거니팅으로 금세 완성할 수 있는
작고 귀여운 인형 모자는 반려동물에게
씌워 주어도 좋은 사랑스러운 모자인데요.
작은 사이즈로 만들다보면 방법을 쉽게 익힐 수 있어
아기 모자부터 어른 모자까지 핑거니팅으로 충분히 완성할 수 있습니다.
자연스러운 이중톤 색상의 실로 만들어보세요~
겨울에 즐겨 착용하게 될 예쁘고 따뜻한 모자가 될 겁니다.

making

인형 모자

실 하나로 두 가닥 사용하는 방법, 코바늘 기법 핑거니팅 실 잡는 방법과 시작코, 사슬코, 빼뜨기로 원형 모양 만들기, 짧은뜨기, 코줄임, 빼뜨기로 마무리하는 방법을 배워봅시다.

연관 작품 – 하이디 털모자(p162 참고), 폼폼 커플 모자(p166 참고)

코줄임 전까지 연관 작품–바빌론 내추럴 이어워머 & 헤어밴드(p144 참고), 수술 장식 파우치(p148 참고), 보색 토트백(p152 참고), 카메라 클러치백(p156 참고)

materials

- 메가 (옐로우믹스)
- 돗바늘
- 폼폼

실 하나로 두 가닥 사용하는 방법

1

실 중심 안쪽에서 실 끝을 빼내어 바깥쪽의 실 끝자락과 모아 두 가닥을 함께 사용합니다.

코바늘 기법 핑거니팅 시작코

2

실 끝에서 한 뼘 정도 되는 곳을 왼손 검지에 한 바퀴 돌려 작은 원을 만들고 짧은 쪽 실을 뒤에서 앞쪽 방향으로 원을 통과시키며 엄지, 검지 들어갈 정도의 고리(시작코)를 만듭니다.

finger knitting

왼손 실 잡는 방법

3

시작코는 사진과 같이 손가락을 넣은 상태에서 왼손은 엄지와 중지로 시작코의 매듭 아래를 잡고, 실타래에 연결된 실을 검지에 걸어 약지와 새끼손가락으로 느슨하게 잡아줍니다.

사슬코 만들기

4

3번과 같은 상태에서 왼손 검지에 걸려 있는 실을 시작코 사이로 잡아 빼내면 새로운 코(사슬코) 하나가 만들어집니다. 같은 방법으로 19개의 사슬코를 만들어 총 20개가 되도록 합니다. 이때, 만들며 길어지는 길이에 맞게 왼손 엄지와 중지는 이동하며 사슬코 중간중간을 잡아주면 됩니다.

빼뜨기하며 원형 모양 만들기

5

오른손 검지에 걸려 있는 코와 첫 코가 만나 원형이 되도록 하기 위해 만들어 놓은 사슬코 전체가 꼬이지 않고 땀이 일정하게 보이도록 확인 후, 검지를 사진과 같이 시작코에 넣어줍니다.

6

첫 코에 넣어준 검지로 실을 걸어 엄지와 함께 시작코와 검지에 걸려 있던 코 사이로 빼내면 그대로 빼뜨기가 되며 원형 모양이 만들어집니다.

Doll hat

짧은뜨기

7

기초 베이스가 되는 사슬코에 하는 짧은뜨기는 각 코에 반 코만 오른손 검지로 걸어 사진과 같이 그 사이로 실을 빼내어 검지에 걸어 기존 코와 함께 두 개의 코를 만들고,

8

두 개의 코 사이로 엄지를 넣어 검지와 함께 실을 잡아 빼내면 새로운 코가 사진과 같이 짧은뜨기로 만들어집니다. 이 과정을 19번 더 반복합니다.

9

2~7단, 2단 부터는 사진과 같이 각 코의 전체에 검지 손가락을 넣고 실을 걸어 빼내어 기존 코와 함께 두 개의 코를 만든 후, 두 개의 코 사이로 엄지를 넣어 한 번 더 실을 잡아 빼내어 짧은뜨기를 단마다 20코씩 7단까지 반복합니다.

10

각 단의 시작은 사진에 별 표시 부분을 기준으로 확인하며 핑거니팅합니다. 7단까지 완성된 결과물이 인형 모자라 크기가 작지만 여기까지의 방법이 Part3 파우치와 백을 만드는데 공통으로 적용됩니다.

코줄임

11

두 개의 코를 한 개의 코로 줄이는 작업으로 검지 손가락에 기본 코를 걸고 있는 상태에서 두 코를 줄여야 하므로 앞단 코에 검지 손가락을 넣어 실을 걸어 빼내어 검지에 걸고, 한 번 더 다음코에 같은 방법으로 해주면 사진과 같이 오른손 검지에 세 코가 걸리게 됩니다.

finger knitting

왼손 실 잡는 방법

엄지를 세 코 사이로 살짝만 넣어 검지와 함께 실을 잡아 빼내면 코줄임 한 코가 완성됩니다.

코줄임 한 코 후 짧은뜨기 두 번을 합니다.

코줄임 글을 요약하면, 8단~10단까지 코줄임 한 코, 짧은뜨기 두 코를 12번 반복하여 윗부분이 모아지도록 만듭니다.

빼뜨기

11단 남은 각 코에 검지를 넣고 실을 걸어 코 사이로 빼내어 전체 빼뜨기합니다. 이때, 실을 약간 잡아당기며 빼뜨기하면 더 예쁘게 완성됩니다. 전체 빼뜨기한 후 약 20cm 실을 남기고 자릅니다.

마무리하기

실을 돗바늘에 끼워 작은 구멍을 꼼꼼하게 바느질하여 메꾸고, 남은 실 사이사이에 집어 넣어 깔끔하게 정리하고 처음 시작 부분에 남긴 실도 정리합니다.

응용하기

사용하고 남은 털실 자투리를 이용해 폼폼을 만들어 위에 달아주거나 기존 판매되고 있는 폼폼 장식을 달아 주면 더욱 예쁜 모자가 됩니다. Part3 폼폼 커플 모자에 담은 것처럼 아래 컬러를 다르게 해주면 더욱 근사한 모자로 완성되며, 그냥 그대로 착용해도 좋지만 아래쪽을 살짝 접어 착용하면 도톰해지면서 포근함이 더해집니다.

finger knitting

6

캔들 홀더

사계절 인테리어 소품으로 활용하기 좋은
캔들을 더욱 감성적이며 포근하게 사용할 수 있도록 만든
캔들 홀더로 캠핑에서도 편리하게 사용하기 좋은
LED를 이용하였습니다.
핑거니팅이 서툴거나 처음하는 분들은
패브릭얀이나 굵은 실로 먼저 만들어본 후,
포근함이 느껴지는 자투리 실로
여러 개 만들어 예쁘게 장식도 하고
분위기 있는 공간을 만들어보세요.
사용하는 실에 따라 여러 느낌을 보여주기 때문에
틈만 나면 만들고 있는 나 자신을 만나게 될지도 몰라요.
바로 저처럼요~
자투리 실을 활용하기에 좋고 선물하기에도 좋은
캔들 홀더의 매력에 빠져보세요~

making

캔들 홀더

코바늘 기법 핑거니팅 원형코 만들기, 코늘림, 빼뜨기, 기둥코, 이랑뜨기, 단 시작 표시 방법, 깔끔한 마무리 방법에 대해 배워봅니다.

연관 작품 - 울카카오 핑거 플로피햇(p170 참고), 컬러라인 그레이 바스켓 세트(p174 참고), 퍼플 손잡이 바스켓(p178 참고), 빈티지 원형 스툴커버(p182 참고), 오색 수술 드림캐처(p186 참고)

materials

르네상스 패브릭얀 (연핑크)
자투리 실
돗바늘

원형코 만드는 방법 (시작코-사슬코 2번-짧은뜨기 6번)

1

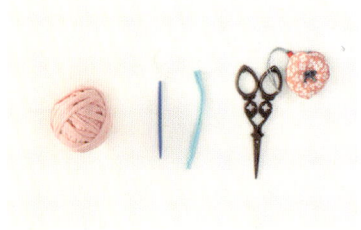

실 끝에서 한 뼘 정도 되는 곳을 왼손 검지에 한 바퀴 돌려 작은 원을 만들고 짧은 실을 뒤에서 앞쪽으로 원을 통과시켜 오른손 엄지와 검지가 들어갈 정도의 고리(시작코)를 만듭니다.

2

왼손 검지와 중지로 시작코 매듭 아래를 잡고, 시작코에 오른손 엄지와 검지를 넣어 실을 잡아 빼며, 사슬코 두 번 후 사진과 같이 시작코를 약간 벌려 왼손 엄지와 중지로 잡고 짧은뜨기할 준비를 합니다.

3

오른손 검지를 시작코에 걸고 실을 빼내어 기존코와 함께 만들어진 두 개의 코 사이로 엄지를 넣어 검지와 함께 실을 잡아 빼내면 짧은뜨기가 완성됩니다. 이 과정을 5번 더 반복합니다. (짧은뜨기 시작코에 6번)

4

짧은뜨기 6번 후 짧은 실을 잡아당겨 조여주면 원형코가 완성되며 1단도 함께 만들어집니다. 더욱 간단하면서 빠르게 핑거니팅 되도록 코바늘 기법을 살짝 응용해본 핑거니팅 원형코 만드는 방법입니다.

코늘림

5

2단 각 코에 짧은뜨기 두 번해서 코의 수를 늘리는 작업으로 1단에서 짧은뜨기로 만든 6코 각 코에 짧은뜨기 두 번씩해서 코늘림합니다. (12코)

6

3단 코늘림 한 번, 짧은뜨기 한 번(한 코에 짧은뜨기 두 번과 다음 코에 짧은뜨기 한 번)을 6번 반복합니다. (18코)

빼뜨기

7

4단 다음 코에 검지를 넣고 실을 검지에 걸어 걸려 있던 코 사이로 실을 잡아 빼내며 빼뜨기합니다.

기둥코-이랑뜨기

8

옆면 시작을 알리는 기둥코가 될 사슬코 하나를 만들고, 검지로 각 코마다 전체가 아닌 반 코만 걸어 짧은뜨기합니다. (이랑뜨기를 니팅하는 방법은 짧은뜨기와 같지만 코 전체가 아닌 반 코만 걸어 주는 방법만 다릅니다.)

finger knitting

9

바닥과 옆면이 이랑뜨기로 라인이 보이며 확실히 구별됩니다. (틀이 잡힌 바스켓을 만들고 싶을 때는 옆면 시작되는 첫 단만 이랑뜨기로 해주면 좋습니다.)

자투리 실 이용한 단 시작 확인 방법

10

5단, 자투리 실 5단 시작하기 전에 걸쳐 놓고, 각 코(코의 머리 전체)에 짧은뜨기합니다. (18코)

11

6단, 9단 자투리 실 위치까지 오면 실을 빼내어 다시 새로 시작하는 단 위치에 걸쳐 각 코마다 짧은뜨기 9단까지 반복합니다.

돗바늘로 깔끔하게 마무리하기

12

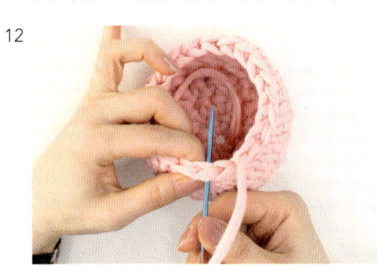

빼뜨기 한 번하고, 실을 약 15cm 남기고 자른 후 돗바늘에 끼워 사진과 같은 위치에 넣어 안쪽으로 빼줍니다.

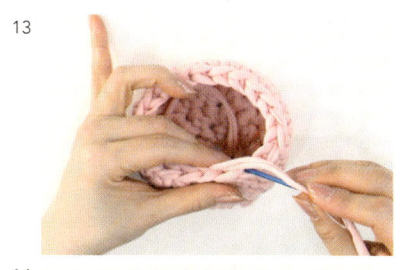

위에서 보여지는 코 모양과 같게 나오도록 코 사이로 찔러 넣어 안쪽에서 빼냅니다.

안쪽에 빼낸 실을 사이사이로 엮어 넣어 정리하고, 처음 시작 부분에 남긴 실도 깔끔하게 정리합니다.

응용하기

좋은 향을 담은 캔들을 사용하려면 유리컵을 재활용하여 컵 사이즈에 맞게 홀더를 만들어 사용해도 됩니다. 조금씩 남은 여러 자투리 실을 사용해보세요. 불이 켜지는 순간 실마다 다른 매력을 보여주거든요. 가는 실을 사용하면 이랑뜨기 대신 짧은뜨기로만 계속 진행해서 만들고, 마무리 전에 걸이용 끈을 만들어 걸어 두는 장식용으로 번갈아가며 사용해도 좋습니다.

7
헥사곤 냄비 받침 ⬣

부드럽고 도톰한 패브릭얀으로 만든 헥사곤 냄비 받침은
사용하기에도 편리하고 자주 빨아도 변형이 없으므로
부엌 한 켠에 세워 놓거나 고리 부분을 이용해 조리 도구들과 함께 걸어 놓고
주방에서 실용적으로 사용하기 좋은 아이템입니다.
짧은뜨기로 핑거니팅하여 원형 뜨기로 완성하는 코바늘 기법에
살짝만 응용해주면 헥사곤 모양으로 만들 수 있습니다.

making

헥사곤 냄비 받침

코바늘 기법 핑거니팅 원형코 만들기, 헥사곤을 만들기 위해 핑거니팅 원형 뜨기와 다른 부분 알아보기, 코늘림, 빼뜨기, 실 연결하기, 깔끔한 마무리 방법에 대해 배워봅니다.

연관 작품 – 헥사곤 블랭킷(p190 참고)

materials

파빠르 패브릭얀 (라이트페루, 다크바이올렛)
자투리 실
돗바늘

원형코 만드는 방법 (시작코-사슬코 2번-짧은뜨기 6번)

1

실 끝에서 한 뼘 정도 되는 곳을 왼손 검지에 한 바퀴 돌려 작은 원을 만들고 짧은 실을 뒤에서 앞쪽으로 원을 통과시켜 오른손 엄지와 검지가 들어갈 정도의 고리(시작코)를 만듭니다.

2

왼손 엄지와 중지로 시작코 매듭 아래를 잡고, 사슬코 두 번 후 오른손 검지를 시작코에 넣어 실을 걸어 빼내어 기존 코와 함께 만들어진 두 개의 코 사이로 엄지를 넣고 실을 잡아 빼내며 6번의 짧은뜨기를 합니다. 짧은 실을 잡아당겨 조아주면 원형코가 완성되며 1단도 만들어집니다.

코늘림

3

2단 각 코에 짧은뜨기 두 번해서 코의 수를 늘리는 작업으로 1단에서 짧은뜨기로 만든 6코 각 코에 짧은뜨기 두 번씩해서 코늘림합니다. (12코)

헥사곤 만들기 위해 핑거니팅 원형 뜨기와 다른 부분

3단 첫 코에 코늘림한 기본 원형 뜨기와 달리 헥사곤 모양을 만들기 위한 과정에서는 3단 시작에 검지를 넣고 실을 걸어 걸려 있던 코 사이로 실을 잡아 빼내어 빼뜨기 한 번을 합니다.

2단 코늘림 한 곳에 3단도 코늘림이 되어야 헥사곤 모양이 만들어지는 방식이라고 보면 됩니다. 그러기 위해 3단 시작에 빼뜨기 한 번으로 기본 원형과 헥사곤 모양이 결정되어집니다.

3단 각 코에 코늘림 한 번, 짧은뜨기 한 번(한 코에 짧은뜨기 두 번과 다음 코에 짧은뜨기 한 번)을 6번 반복합니다. (18코)

4단 각 코에 코늘림 한 번과 짧은뜨기 두 번을 6번 반복합니다. (24코)

5단 각 코에 코늘림 한 번과 짧은뜨기 세 번을 6번 반복하면 헥사곤 모양이 확연히 들어납니다. (30코)

finger knitting

다른 색 실을 연결하기

뒤에서 기존 실과 다른 색 실을 두 번 묶어 연결하고 기존 사용하던 실은 적당량 길이로 남기고 잘라냅니다.

6단 각 코에 코늘림 한 번과 짧은뜨기 네 번을 6번 반복합니다. (36코)

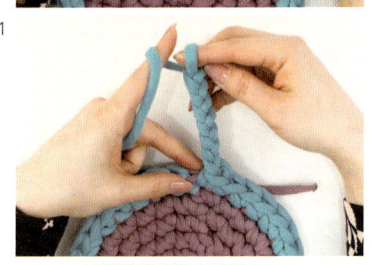

걸이용 고리를 만들기 위해 사슬코 8코를 만듭니다.

빼뜨기로 연결해 고리 모양을 만들고 실 약 20cm를 남기고 잘라 돗바늘에 끼워 사이사이 엮어 넣으며 깔끔하게 정리합니다.

뒤에 나와있는 실도 돗바늘로 사이사이 엮어 넣어 깔끔하게 정리합니다.

주의할 점과 응용하기

도톰한 파빠르 패브릭얀실로 핑거니팅할 경우 코 간격이 좁으면 팔에 무리가 갈 수 있으므로 엄지와 검지가 들어갈 정도로 충분히 여유를 주며 핑거니팅하는 게 좋습니다. 자주 빨아 쓰기에도 좋은 파빠르실은 여러 컬러로 만들어 선물도 하고 크기별로 만들어 냄비용, 후라이팬용 등으로 다양하게 사용하면 더욱 좋습니다.

finger knitting

PART TWO
핑거니팅 기본 기법으로
만드는 소품

네 개의 손가락을 사용해 만들어진 여러 굵기의 뜨개끈을 바늘과 실로 연결해 멋스러운 패션 소품과 실용적인 리빙 소품을 만들어봅니다.
핑거니팅으로 만든 뜨개끈이 고르게 완성되어야 완성도 있는 결과물을 만들어 낼 수 있으므로 많이 반복할수록 더욱 예쁜 작품을 만들 수 있습니다.

1
르네상스 진주 팔찌 ⚫

네 손가락으로 만드는 핑거니팅 팔찌에 언제나 사랑 받는 아이템
진주를 더하면 여성스럽고 우아한 느낌이 담겨
더욱 특별한 액세서리를 만들 수 있습니다.
컬러만 달리해도 또 다른 스타일로 연출이 가능하니
다양하게 만들어 의상에 맞게 착용해보세요~

making

르네상스 진주 팔찌

materials

패브릭얀 르네상스 (그레이)
진주 (라이트 그레이 6mm 12개)
비즈용 바늘과 실

늘어나는 패브릭얀실의 특성을 감안하여 팔목에 타이트할 정도의 길이 만큼 네 손가락 핑거니팅하고 코막음한 후 약 15cm 정도 실을 남기고 자릅니다.

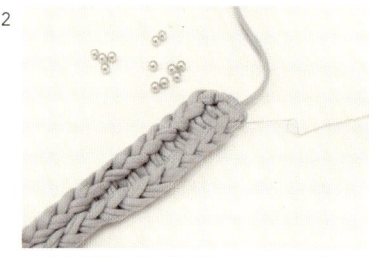

손가락을 이용해 가운데 부분을 살짝 양쪽으로 벌려줍니다.

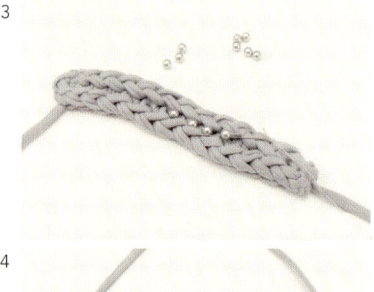

중간 부분부터 시작해 벌려진 틈에 두세 번 실과 바늘을 통과시키며 진주를 달아줍니다.

일정한 간격으로 가지런히 진주가 담긴 모습입니다.

5

양쪽 끝에 있는 실은 완성도 있는 팔찌를 만들기 위해 중간에 오도록 실 사이로 빼내어 옮겨줍니다.

6

둥근 형태로 말아 끈을 두 번 단단하게 묶어 쉽게 풀리지 않도록 합니다.

7

예쁘게 리본 묶고 남은 실은 잘라냅니다. 이때, 리본이 풀리지 않도록 중앙 부분을 바늘땀으로 두어 번 고정해주면 좋습니다.

8

완성.

finger knitting

2

그레이 레이어드 목걸이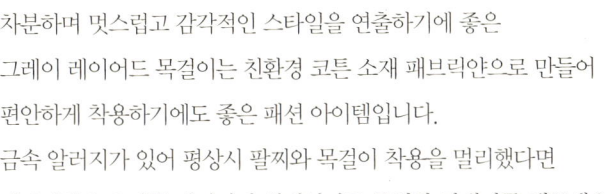

차분하며 멋스럽고 감각적인 스타일을 연출하기에 좋은
그레이 레이어드 목걸이는 친환경 코튼 소재 패브릭얀으로 만들어
편안하게 착용하기에도 좋은 패션 아이템입니다.
금속 알러지가 있어 평상시 팔찌와 목걸이 착용을 멀리했다면
패브릭얀으로 만든 핑거니팅 액세서리로 특별한 멋내기를 해보세요.

making

그레이 레이어드 목걸이

materials

패브릭얀 르네상스 (그레이)
금속 장식
시침핀

두 손가락 핑거니팅으로 약 250cm 끈을 만들고 코막음한 후, 실 50cm 여유를 남기고 자릅니다.

니팅 시작한 곳부터 줄자로 재어 65cm 되는 곳과 150cm 되는 곳에 각각 시침핀을 꽂아 위치를 표시합니다.

첫 시작과 표시한 두 곳이 함께 만나도록 평평한 곳에 놓고, 총 세 지점을 모아 시침핀으로 고정시켜줍니다.

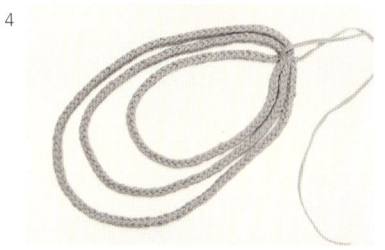

남아 있던 긴 뜨개끈도 꼬이지 않도록 원 그리며 놓고, 코막음한 끝부분까지 네 곳을 시침핀으로 꽂아줍니다.

5

짧은 끈을 위로 올려 한 바퀴 돌린 후 긴 끈과 만나 두 번 단단히 묶어 풀리지 않도록 합니다.

6

긴 끈을 살짝 잡아당기듯 여러 번 돌려 주어 깔끔하게 만든 후, 짧은 끈과 묶어줍니다.

7

매듭이 보이지 않도록 돌려준 끈으로 가려 주고, 남은 끈이 가지런히 내려오도록 해주세요.

8

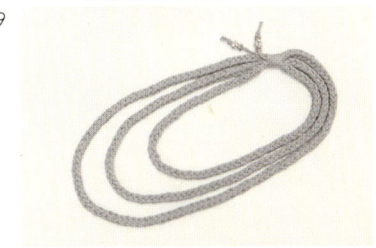

남은 끈에 금속 장식을 끼워 넣고, 끝에 빠지지 않도록 매듭지어 줍니다.

9

금속 장식 부분이 쇄골뼈에 위치하도록 착용하는 스타일로, 만드는 과정에서 끈의 길이를 더 길게 남겨 장식을 더 많이 넣거나 리본으로만 묶어도 멋스러운 스타일로 착용할 수 있습니다.

finger knitting

3

발스 그라데이션 목걸이 ♣

그라데이션이 예쁘고 우아한 뜨개실 발스로 만든 레이어드 목걸이는 따뜻함과 멋을 동시에 연출할 수 있어
단조로운 옷이나 목이 허전할 때 목걸이나 브로치 등 여러 개를 할 필요 없이
그라데이션 목걸이 하나만으로 충분히 멋스럽고 화려한 연출이 가능하답니다.
그라데이션이 멋스러운 발스실 중 본인이 좋아하는 색을 골라 만들어보세요.
남은 실로 발스 플라워 브로치도 꼭 만들어보시구요.

making

발스 그라데이션 목걸이

materials

발스 (8923)
나무 장식
송곳

1. 발스실 두 개를 같은 색상 부분으로 각각 모아 두 가닥으로 세 손가락 핑거니팅합니다.

2. 약 100cm 니팅하고 코막음하면 예쁘게 그라데이션된 뜨개끈이 만들어집니다.

3. 가장 긴 끈부터 약 100, 90, 80, 70, 60, 50cm 길이로 색상을 다르게 세 손가락 핑거니팅하여 만듭니다.

4. 끝 부분을 나란히 일정하게 놓고 길이 순서대로 배열해줍니다.

Gradation necklace

5

남은 실을 모아 풀리지 않도록 니팅된 끝 양쪽에 매듭짓고 우드 구슬을 통과시켜 매듭 부분을 가려줍니다.

6

한쪽에만 나무 구슬을 하나 더 끼워 넣은 후, 두 번 단단하게 묶어줍니다.

7

실 0.5cm 정도만 남기고 잘라낸 후, 송곳을 이용해 보라색 나무 장식 사이로 남은 실을 밀어 넣어 깔끔하게 정리합니다.

8

차분한 색상의 발스실을 이용해 만들면 멋스럽게 연출하기에 좋으며 나무 장식도 실 색상에 맞게 사용해보세요.

finger knitting

4
우드 목걸이

깔끔하면서 감각적인 우드 목걸이는
멋부리지 않은 듯 하면서도 자연스런 멋을 풍기는 특별함을 지니고 있어
어느 옷에나 편하게 걸치고 외출하기 좋아
즐겨 착용하기에 좋은 목걸이랍니다.
색상과 길이를 다르게 하여 또 다른 느낌의 연출이 가능한 스타일로
아이와 함께 만들어 세트로 착용하면
더욱 특별한 목걸이가 될 겁니다.

making

우드 목걸이

materials

패브릭얀 파빠르 (다크바이올렛) 나무 장식 2개 송곳	돗바늘

1

실 35cm 정도 남긴 상태에서 네 손가락 핑거니팅으로 약 25cm 의 끈을 만든 후 코막음합니다.

2

코막음한 후, 15cm정도 실을 남기고 잘라냅니다.

3

양쪽 끈에 돗바늘을 이용해 나무 장식을 끼워줍니다.

4

끈이 긴 쪽부터 나무 장식이 빠지지 않도록 ❶매듭짓고, 목에 둘 렀을 때 원하는 길이 만큼 남기고 반대쪽 짧은 끈과 만나 ❷한 번 묶어줍니다.

나무 장식 바로 위에 풀리지 않도록 한 번 더 매듭 지은 후, 남은 끈을 잘라냅니다.

남겨진 부분은 송곳을 이용해 나무 장식 속으로 깔끔하게 넣어 마무리합니다.

5

폼폼 맘보울 래리엇

부드러운 날개사와 울로된 방울사의 만남으로
특별함을 안겨주는 맘보울로 만든 래리엇은
크기가 다른 폼폼을 재미와 멋스러움으로 함께 담아 내고,
컬러에 맞게 쉽게 만들 수 있어
어른이나 아이들 모두 착용하기 좋은 패션 아이템입니다.

making

폼폼 맘보울 래리엇

materials

맘보울
네코 (베이지, 스카이블루)
폼폼 메이커

1

너풀거리는 실 특성상 꼬이거나 빠지는 부분이 없도록 꼼꼼하게 네 손가락 핑거니팅합니다. 두세 번 니팅 후 잡아당겨 모양 만드는 과정을 여러 번 반복하며 니팅해주세요.

2

약 190~200cm로 만들어 코막음하고, 남은 실은 돗바늘로 핑거니팅한 사이로 엮어 넣어 깔끔하게 마무리합니다.

3

폼폼 메이커 한쪽 날개에 실을 촘촘히 빼곡하게 먼저 감고 닫은 후, 반대쪽으로 실을 넘깁니다.

4

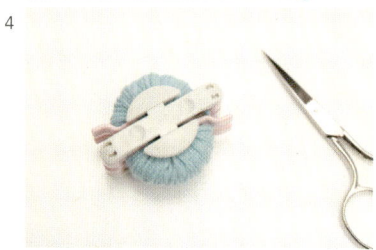

반대쪽도 같은 방법으로 감은 후 날개를 닫아줍니다.

5

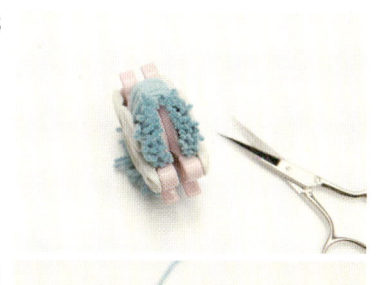

실 감긴 가운데 부분 전체를 잘 드는 작은 가위를 이용해 조금씩 잘라줍니다.

6

같은 색 실을 가운데 끼워 넣고 매듭을 단단하게 두 번 묶어준 후 메이커를 반으로 분리시켜 폼폼을 꺼내줍니다.

7

만들어진 폼폼을 가위로 다듬어 예쁜 동그라미 모양을 만들어 주세요.

8

폼폼 하나 더 만들어 래리엇 양끝 부분에 바느질로 연결한 후 폼 폼 남은 끈은 리본을 묶어줍니다.

9

폼폼 크기는 폼폼 메이커를 이용해 원하는 크기로 만들어 달아 주어도 좋고, 메이커가 없을 경우에는 손가락 4개에 감아 만들 거나 두꺼운 도화지에 감아서 다양한 크기로 충분히 만들 수 있 습니다. 남은 실을 이용해 핑거니팅 팔찌도 만들어 함께 착용하 면 좋습니다.

6

발스 플라워 브로치 ✿

발스 그라데이션 목걸이를 만들고 남은 자투리 실을 이용해
한 타래로 알차게 사용하여 만들어본 플라워 브로치입니다.
여러 송이 만들어도 같은 색으로 꽃을 피울 수 없기에 더욱더 매력적이라
옷이나 가방, 모자 등 포인트 아이템으로 사용하기 좋은
플라워 브로치가 되기에 충분하답니다.

making

발스 플라워 브로치

materials

발스 (8923)
네코 (연핑크)
브로치대

자투리 펠트 (지름 4cm 2장)
글루건
바늘과 실

1

발스 그라데이션 목걸이를 만들고 남은 실 두 개 중, 같은 계열의 실 두 가닥을 모아 두 손가락 핑거니팅하여 약 100cm와 그린 계열 약 20cm로 만들어 코막음하여 준비합니다.

2

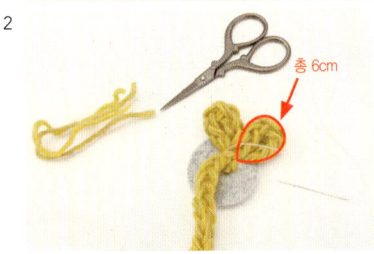

100cm 끈 한쪽을 자투리 실 잘라 내고, 사진과 같이 펠트 위에 올려 꽃잎 하나에 약 6cm가 되도록 모양을 만들어가며 바느질합니다.

3

약 8~9개의 꽃잎을 돌려가며 만든 후, 만든 꽃잎 사이사이에 같은 방법으로 조금 짧은 길이의 꽃잎이 되도록 확인하며 같은 방법으로 끈 끝까지 만들어 바느질하고 남은 자투리 실은 잘라 냅니다.

4

수술을 만들기 위해 연핑크실을 두 손가락에 10번 정도 감고 흐트러지지 않도록 조심스레 빼줍니다.

5

꽃잎 중앙에 올려놓고 가운데 부분을 세 번 바늘땀을 주어 고정 시킨 후, 나눠진 양쪽을 가위로 잘라 주어 수술을 만듭니다.

6

수술 끝이 꽃잎에 맞게 가지런하도록 가위로 다듬어 정리해주세요.

7

꽃 뒷면에 펠트와 그린색 끈을 나뭇잎이 되도록 아랫부분을 바느질로 고정해주고 남은 실은 잘라냅니다.

8

글루건을 이용해 펠트, 브로치대 순으로 붙여줍니다.

9

완성.

7

원석 반지

따뜻한 느낌을 주는 털실과 멋스러운 원석을 매치하여
핑거니팅 기법을 사용해 만들어본 원석 반지입니다.
특별한 멋스러움이 담긴 액세서리를 좋아하는 분들에게
한번쯤 꼭 권해드리고 싶을 정도로
여러 개 만들어 지인 분들께 선물하기 좋은 아이템입니다.

making

원석 반지

materials

네코 (머스타드)
바빌론 (그레이믹스)
원석

담수 진주
시드 비즈
막대 비즈

반지대
비즈용 바늘과 실
글루건

1

머스타드실 한 가닥으로 두 손가락 핑거니팅 촘촘하게 하여 약 6cm 만들고 코막음합니다. (가는 끈을 만들기 위해서는 한 코씩 핑거니팅할 때마다 실 끝과 감아주는 실 쪽을 여러 번 많이 당겨주어야 가늘고 예쁜 끈이 만들어집니다.)

2

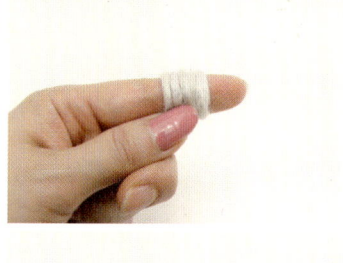

실 끼워 바늘을 준비한 후, 그레이믹스 한 가닥을 손가락에 7번 느슨하게 감아줍니다.

3

손가락을 조심스레 뺀 후, 가운데 부분을 바늘로 통과시켜 실로 두세 번 감고 매듭지어 꽃잎 모양이 나오도록 펼쳐줍니다.

4

1번에서 만든 핑거니팅한 끈을 전체 느슨하게 한 번 묶고 뒤쪽에서 풀리지 않도록 양쪽 실을 두 번 묶은 후, 그레이 꽃잎 위에 올립니다.

Gemstone ring

5

중앙에 큰 원석부터 바느질로 고정하고, 진주부터 작은 비즈까지 예쁘게 담기도록 전체 모양을 확인하여 바느질합니다.

6

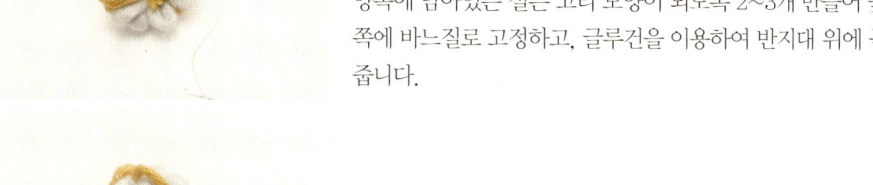

양쪽에 남아있는 실은 고리 모양이 되도록 2~3개 만들어 꽃 한 쪽에 바느질로 고정하고, 글루건을 이용하여 반지대 위에 붙여 줍니다.

7

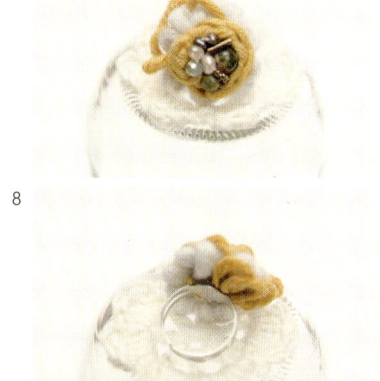

고리 모양이 포인트가 되어 완성된 원석 반지의 앞 모습입니다.

8

글루건을 이용하여 반지대에 부착된 원석 반지의 안쪽 모습입니다.

응용하기

실의 색상과 원석 종류를 달리해주면 훨씬 더 다양하고 멋진 원석 반지를 만들 수 있습니다.

finger knitting

8

플라워 마그네틱 세트 Ⓤ

달달한 생크림이 연상되는 파스텔 플라워는
볼 때마다 기분이 좋아지는 소품이 되므로
냉장고뿐만 아니라 딱딱하거나 차갑게 느껴지는
철로 된 장식품이나 철문에 놓아 두기 좋은 마그네틱입니다.
뿐만 아니라 사진이나 엽서, 메모 등을 함께 매치해
실용적으로도 사용할 수 있어 더욱 좋기도 하구요.
사랑스러운 플라워 세 송이 핑거니팅으로 피워 집안 곳곳 예쁘게 장식해보세요.

making

플라워 마그네틱 세트

materials

네코 (베이비블루, 베이비그린, 인디핑크, 크림아이보리)
영문 라벨

꽃 토션
원형 자석 (1.8cm)
글루건

돗바늘

1
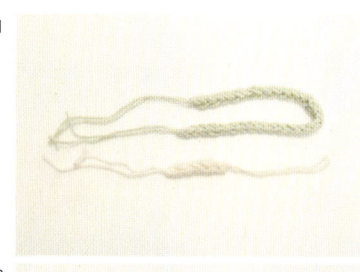
실 두 가닥으로 두 손가락 핑거니팅 촘촘하게 하여 각 25cm와 5cm로 만듭니다. (p59 참고)

2
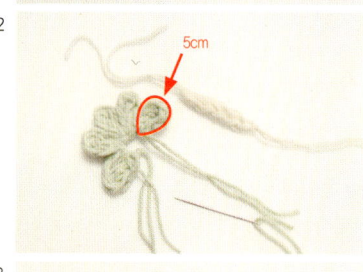
25cm 끈을 꽃잎 하나에 약 5cm로 접어 다섯 잎을 만들고, 꽃잎 아랫쪽에 돗바늘을 통과시켜 실을 잡아당겨 모아줍니다.

3

5cm 끈은 느슨하게 한 번 묶어 동그란 형태의 수술을 만든 후, 풀리지 않도록 한 번 더 묶어줍니다.

4

꽃잎 중앙에 수술 끼워 넣고, 꽃잎을 모아 바느질로 고정합니다.

5

뒤에 남아 있던 실과 돗바늘에 사용한 실까지 함께 양쪽 네 가닥씩 나눠 잡고 두 번 묶어줍니다.

6

묶어진 매듭 부분에 미니 모티브를 올려 가장자리를 바느질하여 지저분한 매듭 부분을 가려줌과 동시에 뒷모습도 예쁘게 만들어 줍니다.

7

영문 라벨이나 자투리 라벨이 있다면 글루건을 이용하여 자석을 붙이기 전에, 한쪽에 미리 끼워 넣어 주면 더욱 예쁘게 완성됩니다.

8

완성.

9

주얼리 트레이 세트

중요한 약속이 있거나 예뻐 보이고 싶은 특별한 날,
일찌감치 신경써서 차려 입은 예쁜 옷에
어울리는 액세서리로 마무리 해주는 센스~
감각적이고 센스 넘치는 네이비 컬러의 주얼리 트레이에 담아 놓은
액세서리 중 그날의 의상이나 자리 컨셉에 맞게 골라보는 것은
상상만으로도 기분 좋아지는 시간입니다.
원형과 타원형 두 가지 스타일로 만들어 액세서리 크기와 모양에 맞게 담아 주면
갖고 있는 주얼리가 더욱 고급스럽고 예뻐보일 거예요.

making

주얼리 트레이 세트

materials

파빠르 패브릭얀 (챠콜)
펄진 (그레이)
참 장식

바늘과 실

1

(원형 트레이) 두 손가락 핑거니팅으로 약 150cm 만들고 코막음 한 후, 한쪽 끝부터 말아가며 바느질로 이어줍니다.

2

1cm 간격으로 촘촘히 바느질로 이어 바닥 부분을 만들고, 지름 약 10cm가 되었을 때 끈을 바닥 윗쪽으로 올려 옆면이 되도록 바느질합니다.

3

위로 올라갈수록 벌어지는 형태로 만들어주면 더 예쁜 모양이 되므로 바느질할 때 스타일을 잡아줍니다.

4

끝 부분이 고르게 연결되도록 실을 살짝 잡아당기듯 바느질해주면 더욱 좋습니다.

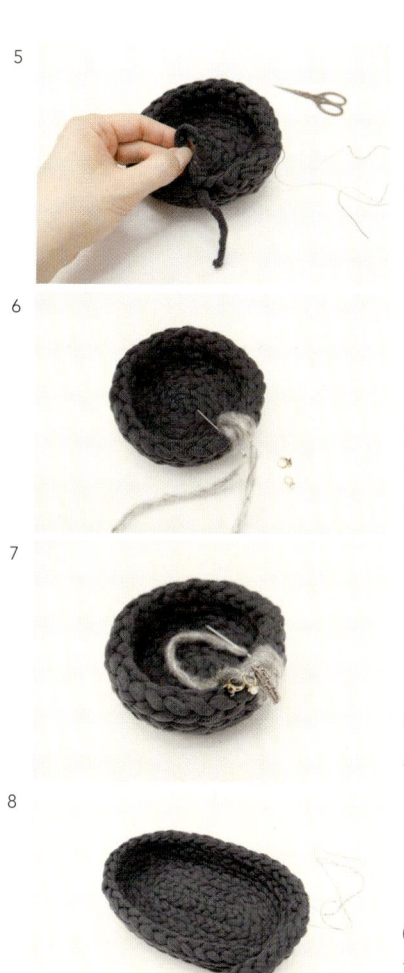

5 남은 실은 니팅된 모양에 맞게 돗바늘이나 손으로 끼워 안쪽으로 엮어 넣어줍니다. 바닥 부분 실도 핑거니팅한 사이로 엮어 넣어 깔끔하게 마무리합니다.

6 트레이 옆면에 마무리한 부분을 돗바늘을 이용해 그레이실로 10번 정도 감아 마무리한 곳을 가려줌과 동시에 포인트 장식을 더해 완성도 있게 만듭니다.

7 예쁜 장식을 실에 연결해 더하면 사용할 때마다 더욱 기분 좋게 사용할 수 있습니다.

8 (타원형 트레이) 두 손가락 핑거니팅할 때 길이를 더욱 길게 만들면 타원형도 가능하므로 필요한 스타일에 맞게 만들어 사용해보세요.

9 부드럽고 폭신한 패브릭얀으로 만든 주얼리 트레이는 서로 포개어 놓아도 되므로 좁은 공간에 올려놓고 사용하기에도 좋습니다.

10

내추럴 손잡이 바구니

무엇을 담아 놓아도 실용적이며 멋스러워
인테리어 소품으로 활용하기 좋은 내추럴 바구니!
개인적으로 바구니에 대한 사랑이 끝이 없다 보니
집안 곳곳에서 다양하게 사용하고 있는데요,
그런 만큼 핑거니팅으로 만들어보면 더욱 특별할 것 같아
아담하고 귀여운 손잡이가 있는 내추럴 스타일의 바구니를 만들어봤습니다.
편안한 느낌의 내추럴 바구니에 색색 예쁜 뜨개실이나 소품
또는 맛있는 과일 등 달콤한 간식을 담아보세요.
더욱 예쁘고 실용적인 데코 소품이 될 겁니다.

making

내추럴 손잡이 바구니

materials

뉴스타킹 (베이지)
뜨개 모티브
나무 단추

바늘과 실

1

네 손가락 핑거니팅으로 약 300cm 만들고, 손가락 뺀 위치에 볼펜을 끼워 임시 막음합니다. (임시 막음 방법은 p55 참고)

2

바닥을 만들기 위해 끈을 약 10cm접어 U자 형태로 나란히 놓고 긴 바늘로 타원형이 되도록 이어줍니다.

3

벌어지는 부분이 없도록 촘촘히 바느질로 이어 나란히 놓인 끈이 열 번째가 될 때 바닥 위로 올려 위에서 아래 방향으로 바느질하며 옆면을 만들기 시작합니다.

4

위로 쌓아갈수록 약간 넓어지는 형태로 벌어지는 틈이 없도록 꼼꼼하게 이어줍니다.

Natural hand basket

5

양 옆면이 7줄씩 연결되면 끈에서 볼펜을 빼고 코막음한 후 바구니 높이가 전체적으로 비슷해지도록 실을 잡아당기듯 바느질하며 높이를 맞추어줍니다.

6

남은 실은 높이가 낮은 쪽으로 끼워 넣고, 전체적으로 일정한 높이가 되도록 만들어줍니다.

7

정리된 곳이 깔끔하지 못해도 걱정마세요. 뜨개 모티브나 판매하는 미니 모티브를 이용해 가려줌과 동시에 꾸밈 장식을 해주면 감쪽같이 보이지 않게 됩니다.

8

손잡이를 만들기 위해 같은 실로 세 손가락 핑거니팅하여 약 23cm 만들어 코막음하고 남은 실을 정리한 후, 바구니 양쪽에 바느질하여 고정시켜줍니다.

9

완성.

finger knitting

11

참 장식 스트랩 파우치 🧺

촉감 좋고, 신축성 좋은 르네상스 패브릭얀을 이용해 만든 스트랩 파우치는
필요한 소지품만을 가볍게 담아 센스 있게 들고 다니기에 좋은 가방입니다.
손목에 끼우고 잡기 편하도록 윗부분이 모아지는 형태로 디자인하였으며,
두 개의 자석으로 마감 처리까지 확실한 실용적인 파우치라
사용하면 할수록 더욱 만족하게 될 겁니다.

making

참 장식 스트랩 파우치

materials

르네상스 패브릭얀 (브라운, 베이비핑크)
참 장식
O링

자석 단추 2쌍
바늘과 실

1

두 손가락 핑거니팅으로 브라운 약 600cm, 베이비핑크 약 65cm 만듭니다.

2

바닥을 만들기 위해 니팅한 브라운 끈을 약 20cm 접어 U자 형태로 놓고 긴 바늘을 이용해 이어줍니다.

3

1cm 간격으로 벌어지는 곳이 없도록 꼼꼼하게 타원형 방향으로 이어줍니다.

4

끈 7줄을 이으면 바닥이 만들어지며, 이제 옆면을 만들기 위해 살짝 끈을 틀어 위에서 아래 방향으로 바느질합니다. 벌어지는 틈이 없도록 연결하면서 전체적으로 봤을 때 윗부분이 모아지는 형태로 11줄까지 올려줍니다.

Strap pouch

5

옆면에서 브라운 니팅 끈이 마무리되어야 스트랩을 만드므로 혹시라도 끈 남은 부분이 있다면 니팅된 곳을 풀러 코막음하고, 코막음 부분까지 이어 바느질로 연결해줍니다.

6

브라운 끈 코막음한 바로 옆에 베이비핑크 끈도 한 바퀴 돌려가며 별 표시 지점까지 바느질로 이어줍니다.

7

남은 부분은 둥근 형태가 되어 스트랩이 되도록 양끝에 남은 실이 풀리지 않도록 두 번 묶어줍니다.

8

코막음하고 사진과 같이 스트랩이 되도록 남은 브라운 실로 두세 번 돌려서 핑크 매듭 지어진 곳도 가려준 후, 돌려준 사이로 집어 넣어 아래쪽으로 힘껏 잡아당깁니다.

9

안쪽 두 곳에 자석 단추 암수를 양쪽으로 달아 내용물이 빠지지 않도록 만듭니다. 남은 실은 적당한 길이로 자른 후 끝에 참 장식을 달아 더욱 완성도 있게 만듭니다.

finger knitting 125

12

반달 체인백

블랙믹스와 체인의 만남으로 시크함과 고급스러움을 주는 반달 모양의 체인백은
평소 테이블에 놓고 사용할 때와 착용할 때에 서로 바뀌는 모양의 반전으로
재미까지 더하여 만들어봤습니다.
전체적으로 틀이 제대로 잡힌 짱짱한 반달 체인백!
부드럽고 굵직한 실로 만들어 화장품이나 핸드폰 등 부드럽게 감싸주듯
안정감 있게 담아 들고 다닐 수 있으므로
반달 체인백의 매력을 한껏 느낄 수 있을 겁니다.

making

반달 체인백

materials

스타킹 (블랙믹스)
골드 체인 (120cm)
지퍼 (23cm)

가죽 라벨
바늘과 실

1

네 손가락 핑거니팅으로 약 350cm와 약 70cm를 만들고 코막음 한 후, 다른 재료와 함께 준비합니다.

2

타원형 모양을 만들기 위해 350cm 끈을 약 15cm로 접어 나란히 놓고 촘촘히 바느질로 이어 나갑니다.

3

1cm 간격으로 벌어지는 곳이 없도록 꼼꼼하게 타원형 방향으로 이어줍니다.

4

크기는 니팅과 바느질하는 사람에 따라 조금씩 차이가 있을 수 있습니다. 참고로 제가 만든 사이즈는 약 32×22cm입니다.

Half-moon chain bag

5

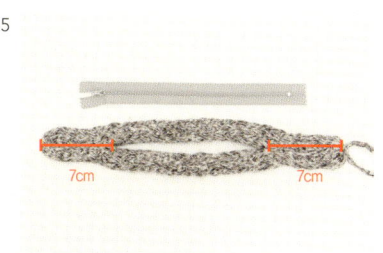

70cm 끈은 반으로 접어 나란히 놓고, 한쪽 끝에서 서로 만난 실은 두 번 매듭 지어줍니다. 양쪽 모두 바깥에서 안쪽으로 7cm 되는 지점까지 바느질로 벌어진 곳을 이어줍니다.

6

지퍼를 열어 놓은 상태에서 고리 있는 끝 부분부터 벌어진 한쪽 끝에 놓고 바늘로 잡아 떠주는 방식으로 박음질로 이어줍니다.

7

다른 반대쪽도 지퍼로 인해 모양이 틀어짐 없도록 확인하며, 같은 방법으로 꼼꼼하게 박음질합니다.

8

만들어둔 타원형을 반으로 접듯이 모아 반달 모양을 만들고, 한쪽부터 지퍼 달아준 끝 부분을 올려 전체적으로 촘촘히 바느질하여 이어줍니다.

9

바느질로 라벨을 달아 주고 체인에 달려있는 걸이를 가방 옆면 니팅 사이로 끼워 주면 완성됩니다.

finger knitting

13
러블리 플라워 마르셀백

뜨개질을 하면서 좋아하게 된
작가 료카이 카즈코의 작품들을 보며
핑거니팅으로도 사랑스러운 느낌을 담은
손뜨개 소품을 만들고 싶었습니다.
하나 정도 도전해보고 싶은 마음에 선택한
료카이 카즈코의 꽃이 만발한 마르셀백!
많은 분들께 사랑받는 아이템이기도 해서 아는 분들 많으실 텐데요.
뜨개질을 전혀 못 하는 분들이라도 손가락으로 뜬 초록여신의 러블리 플라워 마르셀백은
도전해볼 수 있을 테니 핑거니팅으로 만든 마르셀백 하나 장만해보세요.
화사하고 예쁜 장식 소품으로 언제봐도 흐뭇할 겁니다.

making

러블리 플라워 마르셀백

materials

스타킹 (아이보리믹스)	네코 (크림, 크림아이보리, 딥핑크, 인디핑크,	진주
헤라울 (페일퍼플, 인디바이올렛, 올리브)	라일락, 베이비블루, 베이비옐로우, 베이비그	바늘과 실
	린, 베이비그린)	

꽃 만들기

1

코스모스 – 실 두 가닥으로 두 손가락 핑거니팅하여 약 42cm, 5cm 만든 후, 긴 끈으로 여섯 꽃잎 만들어 아래쪽만 바느질하여 잡아당기고, 짧은 끈은 느슨하게 묶어 동그란 수술을 만든 후, 한 번 더 묶어 풀리지 않게 준비합니다.

2

꽃잎 중앙에 수술 끼워 넣고 꽃잎이 모아지도록 꽃잎 사이사이에 바느질 두세 번하고, 뒤에서 매듭지어 마무리한 후 남은 실은 잘라냅니다.

3

다알리아 – 실 두 가닥으로 두 손가락 핑거니팅하여 약 90cm, 5cm 만든 후, 긴 끈으로 여섯 꽃잎(꽃잎 하나 약 5cm)을 만들어 아래쪽만 바느질하여 잡아당기고, 짧은 끈은 코스모스와 같은 방법으로 수술 만들어 끼워 넣습니다.

4

남은 끈을 여섯 꽃잎보다 크게 만들어 바느질로 고정하며 여덟 꽃잎을 만든 후, 뒤에서 매듭지어 마무리한 후 남은 실은 잘라냅니다.

5

메리골드 – 실 한 가닥으로 두 손가락 핑거니팅하여 약 120cm, 30cm 만든 후, 짧은 끈부터(꽃잎 하나 약 5cm) 일곱 꽃잎 모아 바느질하고, 긴 끈을 좀 더 긴 길이로 꽃 둘레 돌려가며 꽃잎 하나씩 만들어 바느질로 고정합니다.

6

전체적으로 풍성하면서 꽃잎이 고르게 담기도록 끈 끝까지 잘 매치하며 만든 후, 뒤에서 매듭지어 마무리하고 남은 실은 잘라냅니다.

7

마거리트 – 실 한 가닥으로 두 손가락 핑거니팅하여 약 120cm, 5cm 만든 후, 짧은 끈 느슨하게 묶어 수술 만들고 긴 끈을 약 5cm와 6cm를 번갈아가며 여섯 꽃잎을 만들어 가운데 수술 끼워 넣고 바느질합니다.

8

남은 끈을 같은 방식으로 길이를 번갈아가며 풍성하게 꽃잎을 다 만든 후, 뒤에서 매듭지어 마무리하고 남은 실은 잘라냅니다.

finger knitting

장미 - 큰 장미(실 두 가닥 세 손가락 핑거니팅 약 30cm, 17cm), 작은 장미(실 두 가닥 두 손가락 핑거니팅 약 30cm, 17cm) 짧은 끈 느슨하게 묶어 한쪽으로 놓고, 남은 끈 묶어준 가운데로 넣어 뒤로 빼 낸 후 양쪽 끝에 있는 실이 풀리지 않도록 묶어 작은 장미를 만듭니다.

긴 끈 느슨하게 묶어 한쪽으로 놓고, 남은 끈 한 번 더 느슨하게 돌려 감아 뒤에서 양쪽 끝에 있는 실이 풀리지 않도록 두 번 묶어 주면 큰 장미의 바깥쪽이 만들어집니다.

만든 두 개를 함께 포개어 올리고 남은 실들 하나로 모아 뒤 빈 공간에 돌돌 말아 안쪽에 넣고, 두 개의 꽃이 하나로 이어지도록 군데군데 바느질합니다. 진주를 비즈 바늘을 이용해 중심에 달아줍니다.

나뭇잎 - 실 두 가닥 두 손가락 핑거니팅하여 약 35cm 하나와 25cm 두 개 만들어 꽃과 함께 준비합니다. 꽃 색상과 수량은 완성된 마르셀백을 보며 참고해서 만들어보면 좋습니다.

백 만들기

1

네 손가락 핑거니팅으로 약 630cm 만들어 코막음한 후, 약 15cm로 접어 나란히 놓고 촘촘히 바느질로 이어 바닥을 만듭니다.

2

벌어지는 부분이 없도록 나선형 방향으로 촘촘하게 이어 약 11×20cm 바닥을 만듭니다.

3

바닥이 만들어지면 뜨개끈을 살짝 사선 방향으로 틀어 바닥 위로 올리고, 45도 각도에서 바느질하며 옆면을 만듭니다.

4

하나씩 쌓아 올라갈수록 점점 벌어지는 형태로 마르셀백의 특징을 생각하며 바느질해주세요.

5

손잡이 뺀 높이 약 15cm 될 때까지 촘촘히 바느질하며 스타일을 만들어줍니다.

양쪽 넓은 부분 같은 위치에 진행 중이던 하나의 뜨개끈으로 손잡이를 만들어줍니다.

핑거니팅으로 코막음한 부분은 실을 잡아당기듯 바느질하여 가방 높이를 일정하게 만들고, 돗바늘을 이용하여 깔끔하게 마무리합니다.

나뭇잎 먼저 위치 잡아 바느질로 잎 하나 만들어 달고, 꽃 하나씩 꼼꼼하게 달아줍니다. 이때, 나뭇잎 끝 쪽이 살짝 보여지도록 꽃을 담아주세요.

전체적으로 꽃 종류와 나뭇잎이 조화롭게 담기도록 확인하며 바늘질 하는 게 중요하고, 완성된 마르셀백을 보며 꽃을 배치해주거나 자기 스타일에 맞게 배치하여 더욱 예쁘게 만들어보세요.

Lovely flower marsell bag

14

파스텔 플라워 원형 리스

화사하고 예쁜 꽃이 만발한 원형 리스는
집안 어느 곳에 두어도 예쁜 공간을 만들어 주기에
충분한 데코 소품입니다.
현관 혹은 방문이나 거실, 주방 등
밋밋한 벽에 가족사진을 꽃 뒤쪽에 꽂아 함께 걸어 놓아보세요.
모두들 예뻐라 좋아하는 소품이 될 겁니다.

making

파스텔 플라워 원형 리스

materials

스타킹 (아이보리믹스)
리스 틀 (스티로폼 24.5cm)
바늘과 실

네코 (크림, 크림아이보리, 딥핑크, 인디핑크, 라일락, 베이비블루, 베이비옐로우, 베이비그린, 베이비옐로우그린)

1

리스 틀 만들기-네 손가락 핑거니팅으로 아이보리믹스 약 400cm 만들어 손가락 빼고 볼펜 끼워 임시 막음합니다. (임시 막음 방법 p55 참고)

2

리스 틀에 양손으로 핑거니팅한 끈을 밀듯이 감아주세요.

3

빈틈 없이 빽빽해지도록 끈이 밀리지 않을 때까지 손으로 밀어 처음 감기 시작한 곳까지 다 감고 코막음합니다. (혹시 남은 경우엔 풀고 코막음합니다.)

4

코막음 후 약 20cm 실을 남기고 자른 후, 처음 시작 부분 니팅된 곳에 손으로 엮어 넣어 중간에서 처음 시작 부분 실과 만나 두 번 풀리지 않게 매듭을 짓고, 위로 길게 뽑아 매듭 묶어 걸이 용도의 고리를 만듭니다.

Pastel flower circle wreath

5

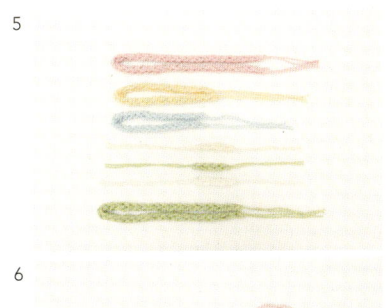

플라워 만들기—두 손가락 핑거니팅으로 큰 꽃잎 약 42cm, 작은 꽃잎 약 25cm, 수술 5cm, 잎 약 35cm와 25cm로 리스에 담아 내고 싶은 꽃의 수와 색상을 체크하여 준비합니다.

6

큰 꽃은 꽃잎 하나에 약 3cm, 작은 꽃은 5cm씩 접어 각 여섯 잎과 다섯 잎을 만들고 아랫쪽에 바늘을 통과시켜 실을 잡아당겨 모으고, 수술은 느슨하게 한 번 묶어 동그란 형태 만든 후, 풀리지 않도록 한 번 더 묶어줍니다.

7

꽃잎 중앙에 수술 끼워 넣고 꽃잎을 모아 바느질로 고정한 후, 뒤에서 남아있는 실과 함께 풀리지 않도록 두 번 묶어줍니다. 작은 꽃도 같은 방법으로 만들어주세요.

8

나뭇잎이 될 끈은 남은 양쪽 실을 묶어 아래로 향하게 놓고, 긴 끈은 세 개의 잎으로, 작은 끈은 두 개의 잎으로 만들며 리스 틀에 바느질로 고정합니다.

9

잎이 살짝 보이도록 꽃도 남은 실 아랫쪽으로 향하게 놓고 리스 틀에 하나씩 꼼꼼하게 바느질로 달아줍니다.

finger knitting

PART THREE

핑거니팅 코바늘 기법으로
만드는 소품

기본 코바늘 기법을 응용하여 간단하게 원형코와 1단을 쉽고 빠르게 완성할 수 있도록 만든 핑거니팅 코바늘 기법으로 초보자도 쉽게 손뜨개 소품을 만들 수 있습니다. 뿐만 아니라 짧은뜨기 6코를 기본으로 시작되므로 작품마다 같은 방식으로 어렵지 않게 만들 수 있습니다.

1
바빌론 내추럴 이어워머 & 헤어밴드

은은한 컬러로 내추럴한 멋을 전해 주는
이어워머 겸 헤어밴드는
추운 계절 포근함으로 편안하게 착용하기 좋습니다.
기본만으로도 멋스러운 연출이 가능하지만
가끔 의상에 따라 펠트 장미 브로치나
또 다른 장식을 곁들여 주어도 좋아요.
브로치를 이용해 살짝 주름을 주어 착용하면
또 다른 스타일로 연출이 가능해 다양하게 활용하기 좋습니다.

making

바빌론 내추럴 이어워머 & 헤어밴드

materials

바빌론 (베이비그레이)
돗바늘

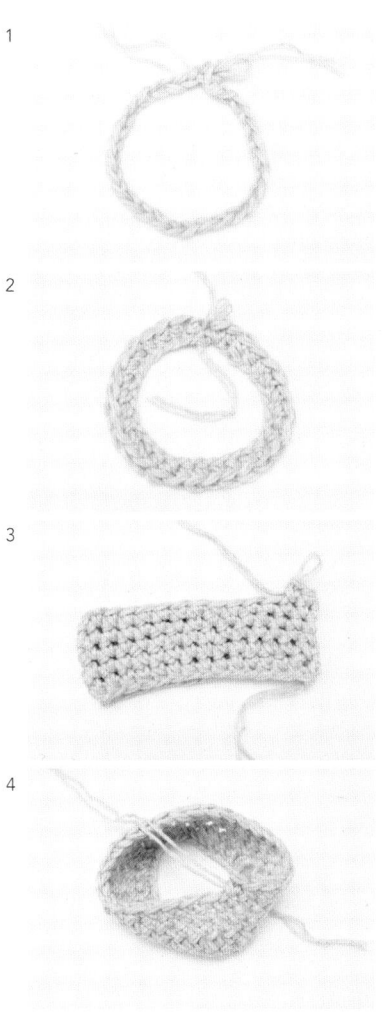

1 실 중심 안쪽에서 빼낸 실과 바깥쪽의 실을 모아 실 두 가닥으로 실 끝에서 한 뼘 정도 되는 곳에 시작코 만들고, 사슬뜨기 30코(머리 둘레에 맞게)한 후, 전체 꼬이지 않도록 확인하고 첫 코에 오른손 검지를 넣고 실을 걸어 빼내며 그대로 빼뜨기합니다. (p64 참고)

2 1단 사슬코 각 코에 검지로 반 코만 걸어 짧은뜨기 핑거니팅합니다. (30코)

3 2단~8단, 각 코에 짧은뜨기를 한 단에 30코씩 핑거니팅합니다. 사슬코에 하는 짧은뜨기는 반 코만 걸어 핑거니팅을 하지만 그 외에 하는 짧은뜨기는 각 코의 전체에 해줍니다. (p65 참고)

4 핑거니팅을 하다 보면 금세 만들어지는 결과물에 점점 재미도 더해질 거예요.

5

8단까지 핑거니팅이 끝난 후 마지막으로 다음 코에 검지를 넣어 그대로 실을 잡아 빼며 빼뜨기 후 남은 실은 돗바늘을 이용해 깔끔하게 정리합니다.

6

p58 미니 플라워 브로치를 달아준 모습으로 기본 그대로 착용해도 멋지지만 가끔 브로치 종류를 다양하게 바꿔가며 살짝 접히게 주름주어 착용해도 좋습니다.

2

수술 장식 파우치 🔳

가볍고 편안하면서도 멋스럽게 착용하기 좋은 파우치로,
필요한 것만 간소하게 담아 손으로, 팔로, 어깨로 다양하게 착용하기 좋은
엣지 아이템이며 수술이 포인트인 수술 장식 파우치입니다.
체인은 탈·부착이 가능하므로 체인 없이 화장품이나
다른 소품을 넣은 핸드 파우치로 사용해도 좋습니다.

making

수술 장식 파우치

materials

알래스카 (옐로우그린)
가방 체인 (엔틱골드 41cm)
자석 단추

돗바늘
일반용 바늘과 실

1

실 하나에서 실 중심 안쪽에서 빼낸 실과 바깥쪽의 실을 모아 실 두 가닥을 만들고, 약 60cm의 실을 사진과 같이 살짝 묶어준 후 시작코를 만듭니다. (가방 만들기에 반드시 필요한 과정으로 완성 사이즈의 가로 2~3배 이상의 실을 남겨주세요.)

2

핑거니팅에 불편함이 없도록 엄지와 검지로 사슬뜨기 25코한 후, 전체가 꼬이지 않도록 확인하고 첫 코에 오른손 검지를 넣어 실을 걸어 빼내 그대로 빼뜨기합니다.

3

1단 각 코에 검지로 반 코만 걸어 짧은뜨기 핑거니팅합니다. (25코, p65 참고)

4

2단~9단, 사진의 별 표시를 기준으로 각 단의 시작을 확인하며 각 코에 짧은뜨기를 한 단에 25코씩 핑거니팅하고, 9단은 마지막에 빼뜨기합니다. 뒤집어 놓고 10단 사슬뜨기 1코, 짧은뜨기 10코, 빼뜨기 한 번 순으로 합니다.

Stamen ornament pouch

5

다시 뒤집어 11단 사슬뜨기 1코, 짧은뜨기 8코, 빼뜨기 … 같은 방식으로 뒤집어가며 짧은뜨기 2코씩 줄여 14단 사슬뜨기 1코, 짧은뜨기 2코, 빼뜨기하고 남은 실은 돗바늘로 정리 후 깔끔하게 마무리합니다.

6

처음 시작할 때 묶어 두었던 실은 돗바늘에 끼워 놓고 가방 안쪽이 겉으로 나오도록 뒤집은 후, 아래 벌어진 부분을 겹쳐 모아 사슬뜨기한 곳에 홈질하고, 반대 방향으로 홈질이 안 되어 있는 부분을 한 번 더 홈질을 해주어 겹홈질이 되도록 튼튼하게 한 후, 매듭지어 마무리합니다.

7

겉이 나오도록 뒤집고 손을 안쪽에 넣어 모양을 잡아준 후, 자석 단추 암수 위치를 미리 체크하고 꼼꼼하게 바느질하여 달아줍니다.

8

약 15cm 길이로 두 가닥 실을 여러 개 만들어 파우치 덮개 가장자리 한 땀에 실 두 개씩 책갈피 끈 끼우는 방식으로 넣고, 세게 잡아당겨 단단하게 매듭지어 줍니다.

9

촘촘하게 끼워 전체적으로 잘 채워진 수술을 가지런히 놓고 가위로 아래 부분을 다듬어 정리하고, 덮개에 참 장식이나 라벨을 달아 장식해줍니다.

finger knitting

3
보색 토트백

보색 컬러의 감각적인 면과
패브릭얀이 주는 편안함에
탈·부착이 가능한 수술 장식을 곁들여
멋스럽게 들고 다니기에 좋으며,
여유있게 담아내기 좋은 사이즈라
실용적인 토트백입니다.

making

보색 토트백

materials

파빠르 패브릭얀 (겨자, 다크바이올렛)
돗바늘
키 걸이용 부속

1

약 80cm 실을 남기고 시작코 만들어 핑거니팅에 불편하지 않도록 오른손 엄지와 검지로 사슬뜨기 36코 만든 후, 전체가 꼬이지 않도록 확인하고 첫 코에 오른손 검지를 넣고 실을 걸어 빼내며 그대로 빼뜨기를 합니다.

2

1단 8cm 남겨둔 실은 니팅에 방해되지 않도록 느슨하게 묶어 주고 사슬코 각 코에 검지로 반 코만 걸어 짧은뜨기 핑거니팅합니다. (36코, p65 참고)

3

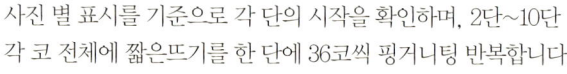

사진 별 표시를 기준으로 각 단의 시작을 확인하며, 2단~10단 각 코 전체에 짧은뜨기를 한 단에 36코씩 핑거니팅 반복합니다.

4

뒤에서 사용하던 실과 다른 실을 묶어 연결하고 11단~13단 각 코에 짧은뜨기 한 단에 36코씩 반복합니다.

154   *Complementary color tote bag*

5

사진과 같이 가방 끈을 만들기 위해 14단 짧은뜨기 5코, 사슬뜨기 8코, 짧은뜨기 5코를 한 번 더 진행하여 반대쪽도 똑같이 핑거니팅합니다.

6

15단 짧은뜨기 5코, 14단 사슬뜨기 한 곳에 짧은뜨기 8코, 짧은뜨기 5코를 반대쪽도 같은 방법으로 하고 마지막에 빼뜨기합니다. (손잡이 부분에 짧은뜨기를 더 많이 촘촘하게 해주면 더욱 짱짱해지므로 2~3번 더 해주어도 됩니다.)

7

묶어 두었던 실을 돗바늘에 끼워 놓고 가방 안쪽이 겉으로 나오도록 뒤집은 후, 아래 벌어진 부분을 겹쳐 모아 사슬뜨기한 곳에 홈질하고, 반대 방향으로 홈질이 안 되어 있는 부분을 한 번 더 홈질을 해주어 겹홈질이 되도록 튼튼하게 한 후, 매듭지어 마무리합니다.

8

뒤집어 겉이 나오게 한 후 가방 안쪽으로 손을 깊이 넣어 모양을 반듯하게 잡아줍니다.

9

가방 윗 라인을 더욱 튼튼하게 하고 싶은 경우 15단에서 끝내기 전, 16단 전체적으로 빼뜨기 한 번씩 진행해주어도 좋으며, 수술 장식도 만들어 함께 매치하면 좋습니다. (수술 만들기 p189 참고)

finger knitting

4

카메라 클러치백

카메라 모양으로 디자인하여 렌즈를 열면
가방 뚜껑이 열리는 스타일로
패션에 포인트 주기 좋은 잇 아이템인 클러치백입니다.
넉넉한 사이즈의 큼직한 클러치백은
외출시 필요한 용품을 실용적으로 담기 편할 뿐 아니라
은은한 반짝임이 예쁜 오렌지 컬러로 기분도 업~
즐거움 가득한 하루를 만들어줄 거예요.

making

카메라 클러치백

materials

스타킹 (오렌지믹스, 아이보리믹스)
가죽 라벨
자석 단추

돗바늘
일반 바늘과 실

1. 약 80cm 실을 사진과 같이 살짝 묶어준 후 시작코 만듭니다.
(가방 만들기에 반드시 필요한 과정으로 완성 사이즈의 가로 2~3배 이상의 실을 남겨주세요.)

2. 핑거니팅에 불편함이 없도록 오른손 엄지와 검지로 사슬뜨기 30코한 후, 전체가 꼬이지 않도록 확인하고 첫 코에 오른손 검지를 넣고 실을 빼내며 그대로 빼뜨기합니다.

3. 1단 사슬코 각 코에 검지로 반 코만 걸어 짧은뜨기 핑거니팅합니다. (30코, p65 참고)

4. 사진 별 표시를 기준으로 시작을 확인하며 2단~9단 각 코 전체에 짧은뜨기를 한 단에 30코씩 핑거니팅 반복하고, 9단 마지막에 아이보리믹스실을 뒤쪽에서 묶어 연결합니다.

Camera clutch bag

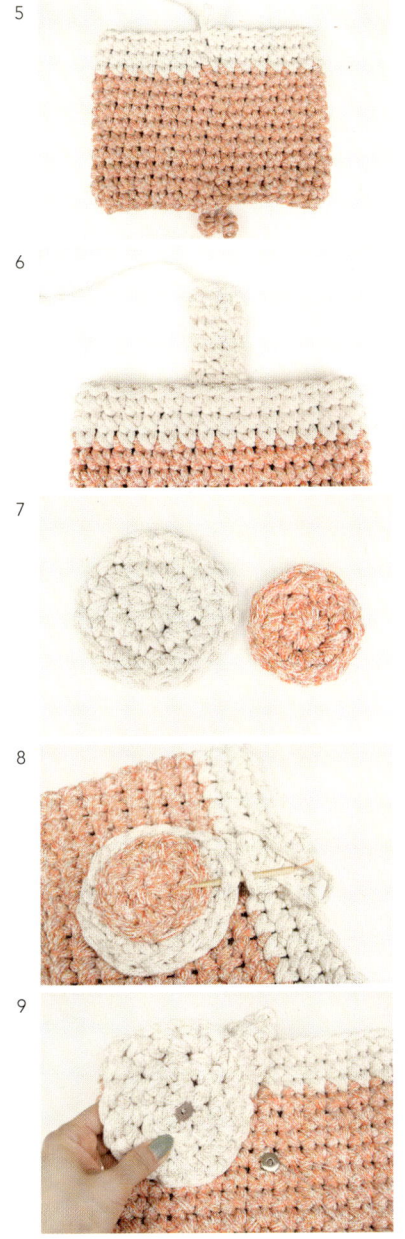

5 10단~12단 각 코에 짧은뜨기 30코씩 반복합니다.

6 13단 뒤집어 놓고 사슬코 1코, 짧은뜨기 2코 만듭니다. 14단~19단까지 뒤집기를 반복하며 사슬코 1코, 짧은뜨기 2코를 해주고 나서, 19단 마지막에 빼뜨기합니다.

7 아이보리믹스와 오렌지믹스실로 각각 3단 원형과 2단 원형을 만듭니다. (p70~71 참고)

8 원형 두 개를 서로 포개어 놓고 일반 바늘로 듬성듬성 박음질하여 이어주고, 가방에 만든 끈의 끝에 남아 있던 실을 돗바늘에 끼워 원형과 끈을 서로 지그재그 방식으로 이어 연결합니다.

9 자석 단추를 원형 뒤 중앙과 가방 알맞은 위치에 꼼꼼하게 바느질하여 달아줍니다.

10

가죽 라벨도 알맞은 위치에 달아 장식해주세요.

11

묶어 두었던 실을 돗바늘에 끼워 놓고 가방 안쪽이 겉으로 나오도록 뒤집은 후, 아래 벌어진 부분을 모아 사슬뜨기한 곳에 홈질하고, 반대 방향으로 홈질이 안 되어 있는 부분을 한 번 더 홈질을 해주어 겹홈질이 되도록 튼튼하게 한 후, 매듭지어 마무리합니다.

12

가방을 겉으로 다시 뒤집어준 후 안쪽에 손을 깊이 넣고 모양을 반듯하게 잡아 완성합니다.

13

렌즈를 위로 올려 가방 안에 담긴 내용물을 꺼내거나 넣으며 사용하면 됩니다.

5

하이디 털모자

보들보들 부드러운 감촉에
포근함과 따뜻함은 물론,
피부에 닿는 촉감이
좋은 겨울철의 필수 패션 아이템인 털모자.
심플한 스타일이지만
방울방울 담긴 그린과 화이트 점박이가
은은한 포인트가 되어
자꾸만 손길이 가는 사랑스런 털모자입니다.

making

하이디 털모자

materials

하이디 (베이지)
샤비 (베이지점박이)
돗바늘

1

두 개의 실 한 가닥씩 모아 두 가닥으로 실 끝에서 약 한 뼘 남기고 시작코 만든 후, 머리 둘레에 맞도록 사슬뜨기 약 30코 넉넉하게 핑거니팅하고, 전체가 꼬이지 않도록 확인 후 첫 코에 오른손 검지를 넣고 실을 걸어 빼내며 그대로 빼뜨기합니다. (p64 참고)

2

1단 사슬코 각 코에 반 코만 걸어 짧은뜨기 핑거니팅합니다. (30코, p65 참고)

3

사진 별 표시를 기준으로 각 단의 시작을 확인하며 2단~9단 각 코에 짧은뜨기를 한 단에 30코씩 핑거니팅 반복합니다. (털이 많은 실 특성상 실을 빠뜨리는 부분이 있지 않도록 주의합니다.)

4

10단~13단(코줄임 1코, 짧은뜨기 2코) 20번 반복하여 모양을 좁혀 줍니다. (13단 남은 코 9코, p65~66 참고)

5

14단 각 코에 오른손 검지를 넣고 실을 걸어 빼내며 실을 조금씩 잡아당겨가며 그대로 빼뜨기를 전체적으로 합니다.

6

손가락 하나 들어갈 정도의 구멍 남은 상태에서 실을 잡아당겨 약 30cm 남기고 자릅니다.

7

남은 실에 돗바늘을 끼워 꼼꼼하게 바느질하고 안쪽에서 매듭 지은 후 깔끔하게 마무리합니다. 처음 시작 부분에 남아 있던 실도 정리하면 완성됩니다.

응용하기

실 종류에 따라 다양하게 만들어볼 수 있으니 같은 계열의 색상으로 서로 다른 종류의 실을 선택하여 무궁무진한 스타일이 나오도록 만들어보아도 좋습니다.

Tip
핑거니팅으로 뜬 결과물은 같은 방법으로 뜨더라도 실 종류에 따라 크기가 달라질 수 있으며 또한, 같은 실을 사용해 같은 조건으로 만들어도 사슬뜨기와 짧은뜨기 간격, 즉 니팅하는 사람에 따라 얼마든지 달라질 수 있으므로 모자를 뜰 경우엔 처음 사슬뜨기할 때 머리에 맞게 코를 만들고, 그 이후에도 중간중간 단계별로 체크하며 뜨는 과정이 반드시 필요합니다.

6
폼폼 커플 모자

폼폼이 달려있어 귀여운 스타일로
연출하기 좋은 포근하고 따뜻한 털모자는
이중톤 색감이 멋진 울혼방실을 사용해
혼자보다는 커플로 착용했을 때
더욱 돋보이는 스타일이 되도록
실 배합에 어울림을 주어
만들어본 커플 모자랍니다.
엄마와 딸, 혹은 자매나 남매, 친구끼리…
원하는 색상으로 배합하여
핑거니팅으로 만들어 착용해보세요.
더욱 특별한 커플 모자가 될 겁니다.

making

폼폼 커플 모자

materials

메가 (베이지믹스, 민트, 핑크)
폼폼 메이커
돗바늘

1

실 하나에서 실 중심 안쪽에서 빼낸 실과 바깥쪽의 실을 모아 만든 두 가닥으로 실 끝에서 약 한 뼘 정도 남기고 시작코 만든 후, 사슬뜨기 머리 둘레에 맞게 약 30코 넉넉하게 핑거니팅하고 전체 첫 코가 꼬이지 않도록 확인하고, 시작코에 오른손 검지 넣고 실을 걸어 빼내며 그대로 빼뜨기합니다.

2

1단 사슬코 각 코에 반 코만 걸어 짧은뜨기 핑거니팅합니다. (30코, p65 참고)

3

2단 각 코에 짧은뜨기 30코 핑거니팅 반복하고 안쪽에서 다른 색 실로 묶어 연결해줍니다.

4

3단~ 9단 다른 색 실로 각 코에 짧은뜨기를 한 단에 30코씩 핑거니팅 반복합니다. (30코)

5

10단~13단(코줄임 1코, 짧은뜨기 2코) 20번 반복하여 모양을 좁혀 주고(13단 남은 코 9코), 14단 전체 실을 조금씩 잡아당겨가며 빼 뜨기합니다. (p65~66 참고)

6

손가락 하나 들어갈 정도의 구멍 남은 상태에서 실을 잡아당겨 약 30cm를 남기고 자릅니다.

7

남은 실을 돗바늘로 끼워 꼼꼼하게 바느질하고 안쪽에서 매듭 지은 후 깔끔하게 마무리합니다. 처음 시작 부분에 남아 있던 실 도 정리합니다.

8

폼폼 만들기-폼폼 메이커 날개를 펼쳐 한쪽부터 촘촘히 빼곡 하게 실을 감고 닫은 후, 다른 쪽도 같은 방법으로 감아줍니다.

9

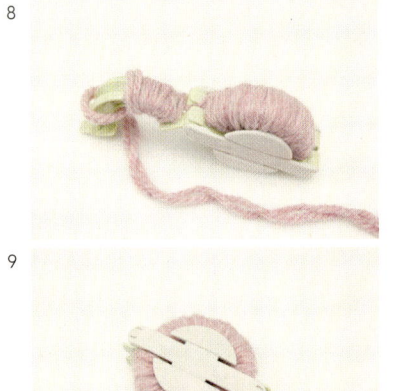

양쪽 비슷하도록 전체적으로 골고루 감은 후 사진과 같이 달아 주세요.

10

날이 잘 드는 작은 가위를 사용해 가운데 부분을 잘라줍니다.

11

사용한 것과 같은 실 (약 20cm 이상)을 메이커 사이로 집어 넣어 두 번 단단히 묶어줍니다.

12

폼폼 메이커 반으로 분리시켜 빼낸 후 가위로 끝을 다듬어주면 완성됩니다.

13

폼폼에 이어진 실을 돗바늘에 끼워 모자 중앙에 단단히 고정시킨 후 안쪽에서 매듭지어 마무리합니다.

14

폼폼 메이커가 없어도 손가락 4개에 감아 만들거나 두꺼운 도화지에 감아서 충분히 만들 수 있습니다. 사진과 같이 폼폼 크기를 다르게 만들면 더욱 유니크한 멋이 있으니 크기에 상관없이 자유롭게 만들어 달아보세요.

7

울카카오 핑거 플로피헷

두툼하고 풍성한 꼬임의
울카카오실로 만든 플로피 모자는
별도의 디테일 없이
차분한 컬러로 다양한 룩에 포인트 주기 좋아
활용도 높은 멋스러운 패션 아이템입니다.
무엇보다 핑거니팅이 손에 익숙해지면
30~40분 만에 뚝딱 완성할 수 있을 정도로
쉽게 만들어 멋지게 착용할 수 있는 모자이므로
컬러별로 두세 개 만들어 번갈아 착용하면
머리에 따로 신경쓰지 않아도
멋쟁이 소리를 듣게 될 겁니다.

making

울카카오 핑거 플로피헷

materials

울카카오 (베이지브라운)
돗바늘

1

실 끝에서 한 뼘되는 곳에 시작코 만들고, 원형코 만들며 1단 짧은뜨기 6번 핑거니팅합니다. (6코, p70 참고)

2

2단, 1단에서 만든 짧은뜨기 6코 각 코에 짧은뜨기 2번씩 코늘림합니다. (12코)

3

3단(각 코에 코늘림 1번, 짧은뜨기 1번)을 6번 반복하고(18코),
4단(각 코에 코늘림 1번, 짧은뜨기 2번)을 6번 반복합니다. (24코)

4

5단(각 코에 코늘림 1번, 짧은뜨기 3번)을 6번 반복(30코)하면 지름 약 15cm가 나옵니다. (사용하는 실과 만드는 사람에 따라 달라질 수 있으므로 5단까지 만들었을 때 15cm 기준으로 참고해서 만드세요.)

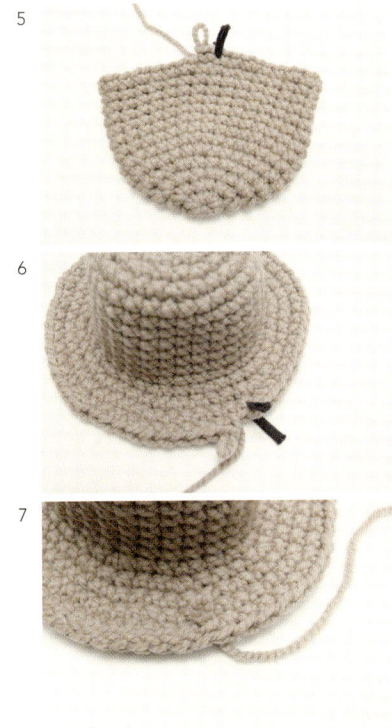

5

6단~13단 매 단마다 시작하기 전에 자투리 실을 끼워 단 시작 표시를 하면서 각 코에 짧은뜨기(30코, p72 참고)하여 머리 씌워지는 부분까지 만듭니다.

6

챙 만들기-14단(각 코에 코늘림 1번, 짧은뜨기 2번)을 10번 반복,
15단(각 코에 코늘림 1번, 짧은뜨기 4번)을 8번 반복,
16단(각 코에 코늘림 1번, 짧은뜨기 6번)을 7번 반복,
17단(각 코에 코늘림 1번, 짧은뜨기 10번)을 5번 반복합니다.

7

18단 각 코에 짧은뜨기만 1번씩 하고(60코),
19단 전체 둘레를 빼뜨기한 후, 돗바늘로 남은 실 사이로 엮어 넣어 깔끔하게 정리합니다.

8

모자의 챙 끝이 자연스럽게 살짝 올라가는 스타일로 완성됩니다.

9

가죽 라벨을 달아 더욱 완성도 있게 착용해주면 좋으며, 풍성한 꼬임이 있는 카카오실 특성상 틀이 제대로 나와 멋지게 착용하기 좋은 모자가 완성되므로 여러 컬러로 만들어 착용하면 좋습니다.

finger knitting

8

컬러라인 그레이 바스켓 세트

기본 그레이 컬러에
세 가지 예쁜 컬러라인이 포인트로 담긴 바스켓 세트는
세 가지 전부 다른 크기로 만들어
용도별로 사용하기 좋을 뿐 아니라
사용하지 않을 때에는 포개어 놓을 수 있어 더욱 좋습니다.
집안에 굴러다니는 작은 물건들이나
아이들용품 혹은 간식을 담아두어도 좋아요.

175

making

컬러라인 그레이 바스켓 세트

materials

파빠르 패브릭얀 (라이트그레이, 겨자)
돗바늘

1 라이트그레이실 끝에서 한 뼘되는 곳에 시작코 만들고 사슬코 2코 만든 후 시작코에 짧은뜨기 6번 핑거니팅하여 원형코와 1단을 완성합니다. (p70 참고)

2 2단, 1단에서 만든 짧은뜨기 6코 각 코에 짧은뜨기 2번씩 코늘림합니다. (12코)

3 3단(각 코에 코늘림 1번, 짧은뜨기 1번)을 6번 반복합니다. (18코)

4 4단(각 코에 코늘림 1번, 짧은뜨기 2번)을 6번 반복합니다. (24코)
5단(각 코에 코늘림 1번, 짧은뜨기 3번)을 6번 반복합니다. (30코)

5

6단 첫 코에 빼뜨기하고 옆면 시작 알리는 기둥코가 될 사슬코 하나 만든 다음 각 코에 전체가 아닌 반 코만 걸어 짧은뜨기(이랑 뜨기)합니다. (30코, p71~72 참고)
이랑뜨기를 하는 방법은 짧은뜨기와 같지만 코 전체가 아닌 반 코만 걸어주는 방식으로 틀이 잡힌 바스켓을 만들 때 옆면 시작되는 첫 단에 사용하면 좋습니다.

6

7단~9단 각 코 전체에 짧은뜨기를 한 단마다 30코씩 핑거니팅하고 안쪽에서 겨자색 실로 묶어 연결합니다.

7

10단 각 코에 짧은뜨기 핑거니팅하고 마지막 빼뜨기 후 돗바늘을 이용해 실을 정리하고 깔끔하게 마무리합니다.

8

단 수를 줄이거나 늘리면 작고 큰 바스켓을 다양하게 만들 수 있습니다.

9

만드는 방법을 참고하여 단수 하나씩 줄이면 포개어 보관할 수 있는 세트 바스켓이 완성됩니다. 토션, 미니 단추, 가죽 라벨 등 갖고 있는 재료를 이용하면 훨씬 예쁜 바스켓이 완성됩니다.

finger knitting

9

퍼플 손잡이 바스켓 ⬛

매력적인 퍼플 컬러에 손잡이가 있는
넉넉한 사이즈의 바스켓은
다양한 물건들을 담아두기에 좋아
뜨개실이나 바느질 도구 뿐 아니라 식탁에 올려 과일을 담아 놓아도 좋으며,
예쁜 도일리 한 장 올리고 간식과 차 한잔의 여유를 즐길 수 있는
티타임을 준비하는 용도로 사용해도 좋습니다.

making

퍼플 손잡이 바스켓

materials

파빠르 패브릭얀 (다크바이올렛)	장식 단추	바늘과 실
토션	플라워 장식	
영문 라벨	돗바늘	

1

다크바이올렛실 끝에서 한 뼘되는 곳에 시작코 만들고 사슬코 2코 만든 후 시작코에 짧은뜨기 6번 핑거니팅하여 원형코와 1단을 완성합니다. (p70 참고)

2

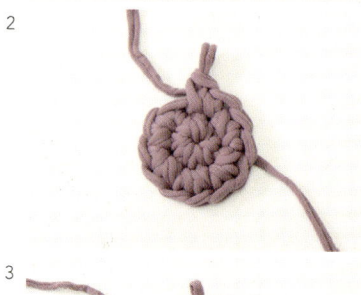

2단, 1단에서 만든 짧은뜨기 6코 각 코에 짧은뜨기 2번씩 코늘림합니다. (12코)

3

3단(각 코에 코늘림 1번, 짧은뜨기 1번)을 6번 반복합니다. (18코)

4

4단(각 코에 코늘림 1번, 짧은뜨기 2번)을 6번 반복하고 (24코),
5단(각 코에 코늘림 1번, 짧은뜨기 3번)을 6번 반복합니다. (30코)

5

6단 (각 코에 코늘림 1번, 짧은뜨기 4번)을 6번 반복(36코),
7단 (각 코에 코늘림 1번, 짧은뜨기 5번)을 6번 반복(42코),
8단 (각 코에 코늘림 1번, 짧은뜨기 6번)을 6번 반복합니다. (48코)

6

9단 첫 코에 빼뜨기하고 옆면 시작 알리는 기둥코가 될 사슬코 만든 다음 각 코에 반 코만 걸어 짧은뜨기(이랑뜨기)합니다. (48코) 바닥에 닿는 옆면 부분에 라인에 나오며 틀이 제대로 잡힌 모양이 됩니다. (p71~72 참고)

7

10단~11단 각 코에 짧은뜨기 한 단마다 48코 핑거니팅하고 12단(9단 기둥코를 기준으로 12단 시작) 사슬뜨기 5코, 짧은뜨기 19코, 사슬뜨기 5코, 짧은뜨기 19코 핑거니팅합니다. (48코)

8

13단 튼튼한 손잡이를 만들기 위해 12단 사슬뜨기한 5코에 짧은뜨기 10번, 각 코에 짧은뜨기 19코, 반대쪽 손잡이가 될 사슬뜨기 5코에 짧은뜨기 10번, 13단 남은 각 코에 짧은뜨기 19코 하고, 마지막 빼드기한 후 실을 정리하고 돗바늘로 깔끔하게 마무리합니다.

9

토션과 영문 라벨을 겹쳐 올려 바구니에 바느질로 연결한 후, 단추와 꽃 장식을 달면 훨씬 예쁜 바구니가 완성됩니다.

10
빈티지 원형 스툴커버

부드럽고 도톰한 패브릭얀으로 만든 스툴커버는 컬러풀한 빈티지 색상이 주는 멋스러움이
보는 즐거움은 물론이고, 폭신폭신함과 따사로움이 주는 사용감도 좋아
밋밋하고 평범하던 스툴이 간단한 방법으로 좀 더 특별해졌습니다.
다른 컬러 혹은 또 다른 실을 사용해 만들거나 토션, 참 장식, 가죽 라벨 등
갖고 있는 재료를 이용하면 하나의 스툴에 커버만으로
여러 스타일을 연출할 수 있어
계절별로 옷을 갈아 입듯 만들어 놓아도 좋을 거예요.

making

빈티지 원형 스툴커버

materials

파빠르 패브릭얀 (라이트페루, 겨자,
미스티블루, 다크바이올렛)
돗바늘

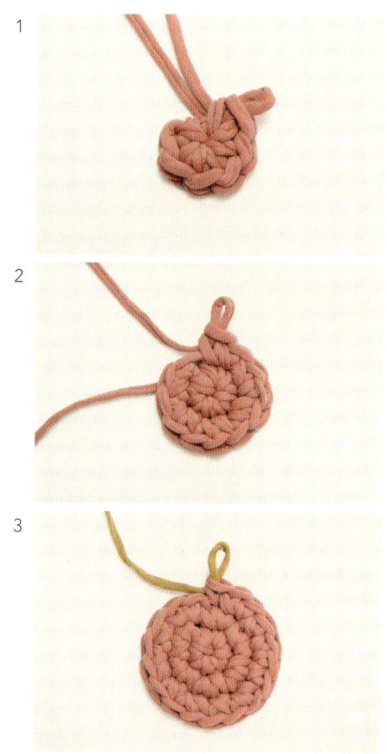

1. 라이트페루실 끝에서 한 뼘되는 곳에 시작코 만들고 사슬코 2코 만든 후 시작코에 짧은뜨기 6번 핑거니팅하여 원형코와 1단을 완성합니다. (p70 참고)

2. 2단, 1단에서 만든 짧은뜨기 6코 각 코에 짧은뜨기 2번씩 코늘림합니다. (12코)

3. 3단(각 코에 코늘림 1번, 짧은뜨기 1번)을 6번 반복하고(18코), 뒤에서 겨자색 실을 기존 사용하던 실과 두 번 묶음해 연결합니다.

4. 4단(각 코에 코늘림 1번, 짧은뜨기 2번)을 6번 반복(24코), 5단(각 코에 코늘림 1번, 짧은뜨기 3번)을 6번 반복하고(30코) 뒤에서 다른 실을 묶어 연결하고, 6단(각 코에 코늘림 1번, 짧은뜨기 4번)을 6번 반복(36코), 7단(각 코에 코늘림 1번, 짧은뜨기 5번)을 6번 반복(42코)하고, 뒤에서 다른 실을 묶어 연결합니다.

Vintage circle stool cover

8단(각 코에 코늘림 1번, 짧은뜨기 6번)을 반복하고(48코),
9단(각 코에 코늘림 1번, 짧은뜨기 7번)을 반복합니다(54코).

10단 첫 코에 빼뜨기하고 겨자색 실로 연결한 후, 옆면 시작 기둥코가 될 사슬코를 만듭니다. (p71 참고)

각 코에 전체가 아닌 반 코만 걸어 짧은뜨기(이랑뜨기)합니다. (54코, 다크바이올렛 반 코만 니팅되어 나머지 반 코 일자로 나열된 모습처럼 되어야 이랑뜨기가 완성입니다. p71~72 참고)

11단~13단까지 각 코에 짧은뜨기 핑거니팅하고 마지막 빼뜨기 한 후 실 약 15cm를 남기고 자릅니다. 자른 실을 돗바늘에 끼워 사이사이로 엮어 넣고, 안쪽 실들도 깔끔하게 정리합니다.

패브릭얀 파빠르 특성상 봉긋하니 틀이 잘 잡힌 스툴커버가 완성됩니다.

finger knitting

11
오색 수술 드림캐처

간직하고 있으면 좋은 꿈을 꾸게 해준다는 드림캐처.
반짝이는 뜨개실로 직접 정성을 담고 이루고 싶은 꿈을 담아
더욱 좋은 일들이 이뤄질거란 상상을 하며 만들어보세요~
좋아하는 참 장식이나 작은 액세서리를 장식해주어도 좋습니다.

making

오색 수술 드림캐처

materials

수세미 실 (화이트)	와이어 2.0mm
네코 (크림, 스카이블루, 인디핑크, 베이비옐로우, 베이비그린)	돗바늘

1

와이어를 동그랗게 두세 번 말아 지름 약 16cm의 틀을 만듭니다.

2

와이어를 전체 화이트실로 충분히 꼼꼼하게 감고 실을 모아 매듭 지은 후 고리를 만들기 위해 여유 분량을 남기고 잘라냅니다.

3

화이트실로 끝에서 한 뼘되는 곳에 시작코 만들고 시작코에 짧은뜨기 6번 핑거니팅하여 원형코와 1단을 완성합니다. (p70 참고)

4

2단 각 코에 코늘림하고, 3단(각 코에 코늘림 1번, 짧은뜨기 1번)을 6번 반복하고, 4단(각 코에 코늘림 1번, 짧은뜨기 2번)을 6번 반복하고 마지막에 빼뜨기한 후 실 약 150cm를 남기고 자릅니다.

The five cardinal colors stamen dreamcatcher

5

남은 실을 돗바늘에 끼워 만들어 둔 둥근 틀 끈 있는 위치에 바늘땀 주어 사진과 같이 둥근 틀에 가깝게 고정합니다.

6

원형 모티브와 둥근 틀을 일정한 간격으로 모티브 모양이 고르게 나오도록 바느질하여 전체를 연결합니다.

7

수술 만들 실을 15cm씩 10번 감은 것과 30cm 하나 준비한 후, 30cm 실로 중간 부분을 두 번 감아 묶어줍니다.

8

묶은 매듭이 안쪽으로 들어가도록 반으로 접고, 남은 실로 접힌 부분을 세네 번 돌린 후 사이로 빼내어 세게 잡아당깁니다.

9

같은 방법으로 4개 더 만든 후 아래를 일정한 길이로 잘라 정리합니다. 수술 머리 위에 만들어진 실 사이로 화이트실을 끼운 바늘을 통과시켜 실 중앙에 걸고 둥근 틀에도 연결하여 적당한 길이를 확인한 후 매듭 짓고, 남은 실을 잘라냅니다. 남은 수술도 같은 방법으로 연결합니다.

finger knitting

12

헥사곤 메가 블랭킷 ✹

멋스러운 이중톤 색상에 포근하고 부드러우며
따뜻함이 가득한 울혼방 메가실을 헥사곤 모양으로 59조각을 만들어
모티브 하나하나 이어 만든 정성 가득한 블랭킷입니다.
6가지 컬러로 색상 배열을 최대한 겹치지 않으면서
자연스럽고 자유롭게 배치해 만드는 재미까지 느낄 수 있는
헥사곤 블랭킷만의 매력을 직접 만들며 느껴보세요!
추운 겨울이 한결 따뜻하게 느껴질 겁니다.

making

헥사곤 메가 블랭킷

materials

메가 (베이지믹스, 핑크, 민트, 옐로우믹스,
시나몬브라운믹스, 베이비그레이)
돗바늘

1

실 끝에서 한 뼘되는 곳에 시작코 만들고 사슬코 2코 만든 후 시작코에 짧은뜨기 6번 핑거니팅하여 원형코와 1단을 완성합니다. (p70 참고)

2

2단, 1단에서 만든 짧은뜨기 6코 각 코에 짧은뜨기 2번씩 코늘림합니다. (12코)

3

3단 기존과 다르게 빼뜨기 한 번하고 나서, 각 코에 코늘림 1번, 짧은뜨기 1번을 6번 반복합니다. (18코, 빼뜨기를 반드시 해주어야 헥사곤 모양이 만들어집니다. p77 참고)

4

4단(각 코에 코늘림 1번, 짧은뜨기 2번)을 6번 반복하고(24코), 5단(각 코에 코늘림 1번, 짧은뜨기 3번)을 6번 반복합니다. (30코)

5

6단 베이지믹스실을 뒤에서 묶어 연결하고(각 코에 코늘림 1번, 짧은뜨기 4번)을 6번 반복하고(36코),
7단(각 코에 코늘림 1번, 짧은뜨기 5번)을 6번 반복합니다. (42코)

6

돗바늘로 남은 실을 정리한 후, 같은 방법으로 다른 색 실도 헥사곤을 만듭니다. (컬러 헥사곤 각 6개씩 총 30개, 베이지믹스 29개)

7

핑거니팅 특성상 처음엔 일정하게 나오기 쉽지 않으므로, 나무 젓가락이나 적당한 막대기를 이용해 모티브 모양이 나오도록 틀을 잡아 일정기간 놓아둔 후 모티브 잇기를 하면 좋습니다.

8

앞면이 나오도록 2장의 모티브를 나란히 맞붙여 놓고, 돗바늘을 이용해 맞붙은 양쪽 모티브 사슬코 뒤쪽 반 코만 휘감아 이어주고, 다음 모티브를 연이어 이어주는 방식으로 실은 길지 않게 사용하는 것이 좋습니다.

9

모티브 3장이 함께 만나는 곳은 실이 교차되는 방식으로 빈 곳이 없도록 바느질하면서 하나씩 이어나가면 큰 사이즈의 블랭킷이 완성됩니다. 사용하는 실이 소진될 때마다 뒤에서 매듭짓고 사이사이로 엮어 넣어 깔끔하게 마무리합니다.

finger knitting

연애사

200평 규모의 물류 센터를 운영하며 뜨개실 국내 1등 도매업체로 세 개의 지사(경남, 경북, 인천)와 전국 300여곳 뜨개방과 전문뜨개 작가, 뜨개 강사들이 믿고 찾는 회사입니다.

니트앤 www.knitand.co.kr

감성 캠핑에 어울리는 실용적이고 HOT 아이템을 선정해 손뜨개 전문작가들의 손땀으로 탄생한 100% 핸드메이드 제품과 캠핑에 어울리는 캠핑 용품을 판매하는 온라인숍입니다.

니트러브 www.knitlove.co.kr

국내 최대 뜨개 물량을 자랑하는 연애사가 직접 선택한 뜨개실과 부자재, 도서를 판매하는 온라인숍입니다.

니터들의 놀이터 cafe.naver.com/lovenistory

니터들과 소통을 통해 정보를 서로 공유하며 재능 기부를 아낌없이 주는 커뮤니티입니다. 회원 수는 30,620명(2015. 12. 5. 현재)이며, 소모임 지원(매월 적립금 10,000원)에 매월 니트러브 데이를 통해 니터들에게 재능 기부도 하고 있습니다.